W0108224

Heimat

Ich suche Ruhe und finde Streit
Die süchtig nach lebendig Leben
Zu kurz ist meine lange Zeit
Will alles haben, alles geben
Weil ich ein Freundefresser bin
Hab ich nach Heimat Hunger – immer!
Das ist der Tod, da will ich hin
Ankommen aber nie und nimmer.

Wolf Biermann

Wolf Biermann

Heimat. *Neue Gedichte*

ist eine

| Hoffmann und Campe |

1. Auflage 2006
© by Wolf Biermann und Pamela Biermann
© 2006 by Hoffmann und Campe Verlag, Hamburg
www.hoca.de
Lektorat: Pamela Biermann
Mitarbeit: Doris Rosenkranz
Satz im Hoffmann und Campe Verlag
Druck und Bindung: GGP Media GmbH, Pößneck
Printed in Germany
ISBN (10) 3-455-40036-1
ISBN (13) 978-3-455-40036-6

HOFFMANN
UND CAMPE

Ein Unternehmen der
GANSKE VERLAGSGRUPPE

Inhalt

Heimat

Heimat

Heimat

Dm⁹   Gm⁷

Ich suche Ruhe und finde Streit, wie süchtig nach lebendig

Dm   E⁷/₉

Leben zu kurz ist meine lange Zeit Will alles haben, alles

Fm⁷⁺   D

ge-ben Weil ich ein Freundefresser bin hab ich nach Heimat Hunger

Gm   C⁷   3   F B♭ᵐᵃʲ 3   A⁷   3   Dm

immer! Das ist der Tod, da will ich hin, ankommen aber

A⁷   3   Dm   A⁷   3   Dm   Cm⁷   A⁷

ankommen aber   ankommen a-ber nie   und

Dm   C   Dm   C   Dm

nimmer.

Heimat

Ich suche Ruhe und finde Streit
Wie süchtig nach lebendig Leben
Zu kurz ist meine lange Zeit
Will alles haben, alles geben
Weil ich ein Freundefresser bin
Hab ich nach Heimat Hunger – immer!
Das ist der Tod, da will ich hin
Ankommen aber nie und nimmer

Tief schlafen, träumen ohne Schrei
Aufwachen und noch bißchen dösen
Schluck Tee, Stück Butterbrot dabei
Leicht alle Menschheitsfragen lösen
Im ewig jungen Freiheitskrieg
Das Unerträgliche ertragen:
Die Niederlage steckt im Sieg
Trotz alledem die Liebe wagen!

Zur Nacht ein Glas Rioja-Wein
Weib! Weib, du bist mein Bacchanalchen
Laß Tier uns mit zwei Rücken sein!
Flieg du nochmal und ich nochmalchen
Dir bau ich den Balladen-Text
Wenn meinem Salamander wieder
Der abgebissne Schwanz nachwächst
Und so, ihr Lumpen, macht man Lieder

Ich suche Ruhe und finde Streit
Wie süchtig nach lebendig Leben
Zu kurz ist meine lange Zeit!
Will alles haben, alles geben
Weil ich ein Feindefresser bin
Hab ich nach Rache Hunger – immer!
Das ist der Tod, da will ich hin
Ankommen aber nie und nimmer

Venus von Angeln

Schau, das ist der Norden. Da drüben die Dänen
Im Angelner Land an der Flensburger Förde
Flach flach unter sonnigen Wolkengebirgen
Und Wälder bis ran an das Ende der Welt
Lebendige Knicks, all die lieblichen Hecken
Die Felder bis runter zum Horizont
Schwer gletschergehobelt seit Eiszeitzeiten
Frühweiblich, lolitaverführerisch flach
Weich weibliche Hügel, weich weibliche Mulden
Gott schuf maniert glazial dies Kunstwerk
Flach! flacher als jemals Maillol, jener Meister
Tief unten im Süden für seine Franzosen
Die mediterrane Venus geformt hat,
In Bronze gegossen, in Stein gehauen
Aufreizend üppig, so Weiberleiber
Drall klassisch im Stehen, erotisch im Sitzen
O nein, hier schlummert die Venus von Angeln
Als Landschaft hat sich die Göttin verkleidet
Die Blonde mit langen nordischen Beinen
Und goldenem Haar, und tut so, als wär nix –
So mag ich es auch im Leben leiden
Die kühlheiße Schönheit, Lust, die ich meine
Ja, Schönheit, erst auf den zweiten Blick
Weich weibliches Aufwärts, weich weibliches Runter
Sanft wölbt sich das Bäuchlein, die Schenkel warten
Ein Teich blinkt im mondgelben Weizenfeld
Das Sonnengelb ist jetzt abgeerntet
Der Raps. Und hier wächst der Mais so gut
Der Roggenacker, die Gerstenschläge
Ein kleiner Regen benetzt fette Weiden
Ihr Venushügel ist lieblich bewachsen
Die Frau liegt schön faul, schön flach auf'm Rücken
Nur das ist der Grund, warum ihre Busen
Nicht steilgeil dir in die Augen springen

Ja, würde ich wollen und können, sie bitten
Sich aufzurichten, dann hätte die Teure
Auch üppig dramatische Körperformen
Da würde dann auch ein Besenstiel bocken
Und spielte sie Liebestier auf allen vieren
Das würden sogar die Glubscher sehn
Dann hätte dies Weib auch gewaltige Titten
Die läuten, verführen wie sündige Glocken
Die Knaben verwirren und Mannsleute locken
Vor diesem Altar auf die Knie zu gehn

Ballade vom kruden Herbst an der Küste

Grauräudige Wolken schlingen das schwindende Licht
Im Westen verbeißt sich die Meute in Lappen aus Blau
Im Abendrot dann verbluten die Himmelhunde
Und so auch die Meute der Wellen hier unten im Meere
Voran, in das Füllhorn der Förde, und gegen die Stadt
Da peitschen die Böen die Gischt in die Geltinger Bucht
Mit Schaum vor den Schnauzen rollen die Wogen gen Flensburg
Zu viele Inselchen, Landzungen hemmen den Lauf
So hindert und mindert hier eine der anderen Wüten:
Nun kommen sich kipplige Wellen verquast in die Quere

Ja, aus und vorbei ist der Sommer. Am Steilufer wehrt sich
Und hart an der Kante vorm Erdrutsch der grindige Baum
Zeigt schön seine gelbroten Äpfel, noch hält er sie fest
Sein Wurzelwerk krallt sich in lehmigen Boden, je nasser
Der wird, desto schneller schwinden dem Alten die Kräfte
Und Windflügelriesen im Norden auf dänischer Seite
Sie bieten gelassen dem Sturm die elektrische Stirne
Ach, als noch die Äpfel zu sauer uns waren, und grün
Da schwebten vorm Westwind wie Vogelschwärme die Segler
Im Sonnenglast lustig über die flirrenden Wasser

Nun aber rüttelt der Ostwind, und rüde, die Dächer
Das Kirchlein mit seinen wettergeprüften Mauern
Bleich schimmert sein Weiß durch das Blattwerk der
                                        turmhohen Linden
Vor'm Friedhof. Und jetzt also doch noch! Zwei leuchtende Segel
Eins kreuzt gegen an, und das andere fliegt mit den Winden
Das eine Boot kämpft seinen Kurs hart auf Sønderborg zu,
Das andere läßt sich treiben. Was das wohl bedeutet
Zwei Sommervögel, sie haben den Abflug nach Süden
Vertändelt. Nun fliehn sie und können einander nicht finden
Kalt. Kalt ist die Welt mir. Der Winter steht vor der Küste

Volte
Und das ist die Falle: Der metaphysische Ton
Er foppt mein Gemüt – als ob ich's nicht besser wüßte
Ach was! meine Schöne, es will nur mal wieder der Schein
Der schöne, zum Narren uns halten. So will es mir scheinen:
Zwei Schiffchen, symbolüberfrachtet, was sagen die schon
O nein! Es können so Spökenkiekerein
Uns beide nicht meinen

Erntezeit an der Flensburger Förde

Es ist ein Schnitter, der heißt nicht Tod
Ich glaube sogar: Er heißt Leben
Der Mähdrescher hat ganze Arbeit gemacht
Grad hier, wo ich laufe, grad eben
Wie frisch rasiert liegt der Acker nun da
Kein Hälmchen steht mehr auf der Krume
Das ging ratz-fatz. Dann gleich aus dem Bunker
Der Riesenmaschine gespuckt mit dem Rüssel
Paar Tonnen Getreide, bezahlt von Brüssel
Rein in den Container am Rande des Feldes
Das macht in der Früh nur zwei Stunden Krach
Eine industrielle Augenweide
Wie isser, der Wind auf dem Weizenfeld?
– schön stark isser und schön schwach.

So viel wie drei Brote beim Bäcker kosten
Kassiert hier der Bauer für'n Doppelzentner
Ich weiß nicht, wie sich das rechnen soll
Das Stroh liegt gewickelt in Ballen rum
Die sinkende Sonne hat immer noch Kraft
Schmeißt meinen Schatten lang vor mich hin
Ich – tatenarm und gedankenvoll
So spießen die Stoppeln mich fühllos auf
Ich spüre die Stiche nur im Gemüt
Genieße die letzte Wärme im Rücken
Die Mulden, die Hügel hier sind so flach
Und darum sind auch die Himmel so weit
Wie isser, der Wind auf dem Weizenfeld?
– schön stark isser und schön schwach.

Doch dann fand ich in einer Furche noch
Paar abgeknickte Ähren, prall voll
Und rubbelte zwischen den Handflächen mir
Die Körnerchen raus aus ihrem Spelz
Der Wind riß das Kaff von der hohlen Hand

Die Körner im Wind bleiben liegen
So schied ich die Spreu von dem Weizen und sah
Die Körner sind kleiner als sonst – ich weiß
Der Sommer war knochentrocken und heiß
Nix Ernstes, nur 'n kleiner Klimakollaps
Ich lief den Acker lang, abwärts zum Bach
Es roch paradiesisch nach Ende der Welt
Und wie war der Wind auf dem Weizenfeld?
– schön stark war er und schön schwach.

Nun kaute ich zwei drei Ladungen Korn
Und merkte: So frißt man sich selbst aus der Hand
Das ungebackene Brot schmeckte mir
Wie Manna, bald wurde die Pampe schon süß
Im Maul. Solche extravaganten Genüsse
Sind alt wie die Menschheit. Ich dachte: Mensch Biermann
Du lebst ja noch immer lebendig, auch hier, Mann
Noch läuft dir das Wasser zusammen im Mund
Noch mahln dir die eigenen Zähne das Mehl
Noch schließt dir der Speichel den Zucker auf
Noch sagt dir der Sensenmann: Warte! gemach!
So lief ich im Abendlicht glücklich nach Haus
Und so war der Wind auf dem Weizenfeld
– schön stark war er und schön schwach

Poetenperspektive

Mich weckte heute das Entzücken meiner Schönen
Es riß ihr Jauchzen mich aus Halbtraumgrübelein
Wach auf! Komm schnell zu mir ans Fenster! Schau, das könnte
Ein kleines neues Lied für mich zum Singen sein!
Die Morgennebel hingen nachtkalt in den Mulden
Durch Wolkenschleier stieg die Sonne aus der See
Ein Vogelschwarm: Drei Zentner weiße Hitchcock-Möwen
Von Osten landeten mit elegantem Dreh

In Richtung Nordwind. Mehr noch strömten auf den Acker
Und weideten wie Weihnachtsgänse vor sich hin
Was finden die da: Würmer? Käfer? Wintersaaten?
Egal! Ich kann's nicht wissen, Stadtmensch, der ich bin
Ich sah die eleganten Fischfangflieger picken
Wie plumpes Federvieh, das nie mehr fliegen braucht
Die Frau hat recht: 'ne Sonnenblume wird Ereignis
Wenn ein van Gogh den Pinsel in die Farben taucht

Der irre Maler hat sein Ohr sich abgeschnitten
Na und? Ich schneid mir täglich aus der Brust mein Herz
Weil's ja im Rippenkäfig nachwächst, wenn ich singe
Nur keine Angst, Poet! vorm Schlagerreimwort »Schmerz«
Es schmerzt den Biermann in mir nicht, wenn ich mich schneide
Der ist den scharfen Schnitt gewöhnt. Ich fürcht mich nicht
Mit kaltem Kennerblick sah ich fünf Zentner Möwen
Als Schwarm auffliegen in das fahle Morgenlicht

1864

Sie prügelten sich an den Schanzen von Düppeln
Mit Knüppeln nicht, nicht mit Lanzen
Die Dänen trugen den bunten Rock
Vom König Christian in Kopenhagen
Und kämpften im Sand da, fürs Vaterland
Sie kauerten in den Schützengräben
Die armen Kerls mußten ihre Gewehre
Mit Pulver und Blei noch von vorne laden
Geduckt hinter hölzernen Palisaden
Die konnten ja gar nicht siegen
Sie gingen wie Löwen in die Schlacht
Und starben dann wie die Fliegen

Das Preußenheer kämpfte mit Kriegskreationen
Der Waffenschmiede im Ruhrgebiet
Da siegte die Stahl-Industrie total
Die Deutschen kamen mit neuen Kanonen
Der Firma Krupp, zum ersten Mal
Der technische Fortschritt als Artillerie
Und neunzigtausend moderne Granaten
Zerfetzten sechstausend Dänensoldaten
Im Königreich lecken die Dänen sich
Noch heute die Wunde wie 'n kranker Hund
Es kränkt sie bis heute der ungleiche Kampf
Bei Sønderborg, drüben in Düppeln am Sund

Den Kriegsbericht über den Sieg verfaßte
Für seinen Kanzler, Fürst Bismarck, in Preußen
Ein Hugenotte und deutscher Poet
Leicht zweckentfremdet, ein Herr Fontane
Carl August Biermann war auch dabei
Mein hamburger Ur-Ur-Ahne
Als Sanitäter beim Roten Kreuz
Und dies ROTE KREUZ war ja grade eben

Inauguriert von Monsier Dunant
'ne Firmengründung, die ich mir lobe
Der Krieg an den Düppeler Schanzen war
Eine erste Bewährungsprobe

Der Hamburger Schuster Biermann fuhr
Gleich nach der Schlacht in die Linien rein
Im Dienste humaner Kriegskultur
Mit einem wackligen Pferdewagen
Und sammelte junge Soldaten ein
Das kann ich der Nachwelt vermelden:
Vom freien Feld und aus Schützengräben
Schleppte er stöhnendes Menschenfleisch
Die deutschen und dänischen Helden
So wie er sie zwischen den Leichen fand
Und brachte jedesmal Stücker zehn
Gemeinsam ins Zelt an dem Schlachtenrand

Das Rote-Kreuz-Zelt war kenntlich gemacht
Mit einem Kreuz aus roten Balken
Gemalt auf das weiße Leinentuch
Und nach einer jeden Operation
Da legten die Schwestern den Nächsten schon
Zerfetzt von 'ner Kugel, vom Bajonett
Dem Doktor hin auf das blutige Brett
Der murmelte einen französischen Fluch
Dann wusch sich der Schweizer Feldchirurg
Im Eimer die Hände mit Wasser und Seife
Und Biermann knurrte Hü-Hott! zum Pferd
Und rauchte dabei seine Pfeife

Heut stand ich auf unserer Seite am Strand
Mit meinen zwei Söhnen bei guter Sicht
Am Ufer der Flensburger Förde und sah
Die Silhouette von Sønderborg. Da!
So nah ist bei guter Sicht Dänemark!
Schaut rüber, grad dort, wo die Windräder drehn

Könnt ihr dazwischen landeinwärts ganz klein
Am Hügel 'ne Windmühle schimmern sehn
Die Wolkenschafe fressen das Blau
Vom Himmel. Und diese Herde genau
Sah Schuster Biermann im Abendlichte
Und das! ist eure Familiengeschichte

Boeing über der Geltinger Bucht

Noch höher sind die hohen Himmel heut geworden
Der Weißdorn feiert still sein feines Sternchen-Weiß
Goldregen blüht noch gelber als der ganze Raps
Der Flieder zeigt sein abgemafftes Violett
Der wilde Apfelbaum wirft rosa Blüten ab
Und die Kastanie strahlt mit ihrer Kerzenpracht
Des Baches Wasser singen stumm ihr Lied im Bett
Es klatscht vom Rand mit ordinärem Rot der Mohn
Die Segel auf der Förde gleiten hin im Glast
Vollendet hat der Frühling sich nun auch im Norden
Ich glaub sogar, das will schon richtig Sommer sein
Wie geht des Rebhuhns Ruf, mein liebes Kind?
                              Tschilp-tschilp!
So ähnlich, ja, das Rebhuhn macht Tschulp-tschulp!
                              Tschulp-tschulp
Jetzt hat es wieder seinen Klagelaut gemacht
Der Vogel ist verrückt, Tschulp-tschulp, hörst du es nicht?
Tschulp-tschulp, schon wieder dieser sonderbare Ton
Warum das Rebhuhn hier uns wohl so rufen muß
Das kommt von tiefer aus dem Knick am Gerstenfeld
Ich glaub, es denkt die ganze Welt an Perdix heut
An Dädalus und an den Sturz des Ikarus

Tschulp-tschulp, das ist der scheue Schreckensschrei. Das kommt
Aus der Antike, als Athene wutentbrannt
Den Knaben barg, ermordet von dem Tausendkünstler
Des Sturzes eingedenk von der Akropolis,
Fliegt dieses Rebhuhn Perdix niedrig, nur durch Büsche
Wie Breughel es gemalt hat: Rebhuhn hockt auf Ast
Genießt, wie seines Mörders eigner lieber Sohn
Sich totstürzt, weil das nachgebaute Flügelpaar
Im Licht der Sonne elend auseinanderbrach

Sieht den Cousin ersaufen: Futter für die Fische
Wystan H. Auden sah dies Bild in Brüssel hängen:
Kein Aas rundrum beachtet diese Katastrophe
Indeß der Schäfer nach der Abendsonne schaut
Indeß der Pflüger schweren Tritts dem Pflug nachstapft
Der Angler angelt, und der tote Mann im Wald
Der Abgestochne sieht ja nicht, was da geschieht
Nun aber peilt der Perdix, der im Knick schön frißt
Die BOEING auf dem Weg – das ist der Dädalus!
Der Düsenvogel zeichnet einen weißen Strich
Der hoch im Blau verweht, bis er verschwunden ist

Spätsommer

Am

Der morsche Lindenbaum rauscht im Alt-
Abendrot aus Flensburg brennt im
E⁷/₄

A⁷

weiberwind Das drüben hinterm
Fenster und Weil Dm⁶

Feld im Knick die Geister sind Drum reißen

Am G C E⁷ Am

sie sich an den Dor - nen schmerzlos wund

[gitarre]

24

Spätsommer

Der morsche Lindenbaum rauscht im Altweiberwind
Das Abendrot aus Flensburg brennt im Fenster. Und
Weil drüben hinterm Feld im Knick die Geister sind
Drum reißen sie sich an den Dornen schmerzlos wund

Das Vieh käut wieder, selig hinter Stacheldraht
Ein Traktor schmeißt noch schnell 'ne Fuhre Gülle raus
Der Bauer kalkuliert im Schlaf die Wintersaat
Der grüne Rechtsanwalt flickt rum am Reetdachhaus

Die Krähen hassen kreischend auf den Habicht los
Die Böen peitschen vom Kartoffelkraut den Rauch
Für diese Erde ist der Himmel viel zu groß
Und viel zu klein für meine Toten ist er auch

Und in den Fernsehschüsseln sammelt sich das Blut
Aus jedem frischen Blutbad dampft ein buntes Bild
Das Tier in meiner Hose ist so dumm und gut
Und unbekümmert, schau: es schämt sich nicht, es schwillt

Im Westen flieht das Licht. Nun steigt die Finsternis
Von Osten kommt was Wüstes in der Wolkenwand
Da zuckt durch schwarzes Tintenblau ein greller Riß
Ich spüre deine sieggewohnte Streichelhand

Schon fliegen wir schön flach der Sonne hinterher
Ich spüre deinen Herzschlag morsen unterm Fell
Der Sturm fegt unbehauste Möwen übers Meer
Wir hausen in der Liebe. Und die Nacht bleibt hell

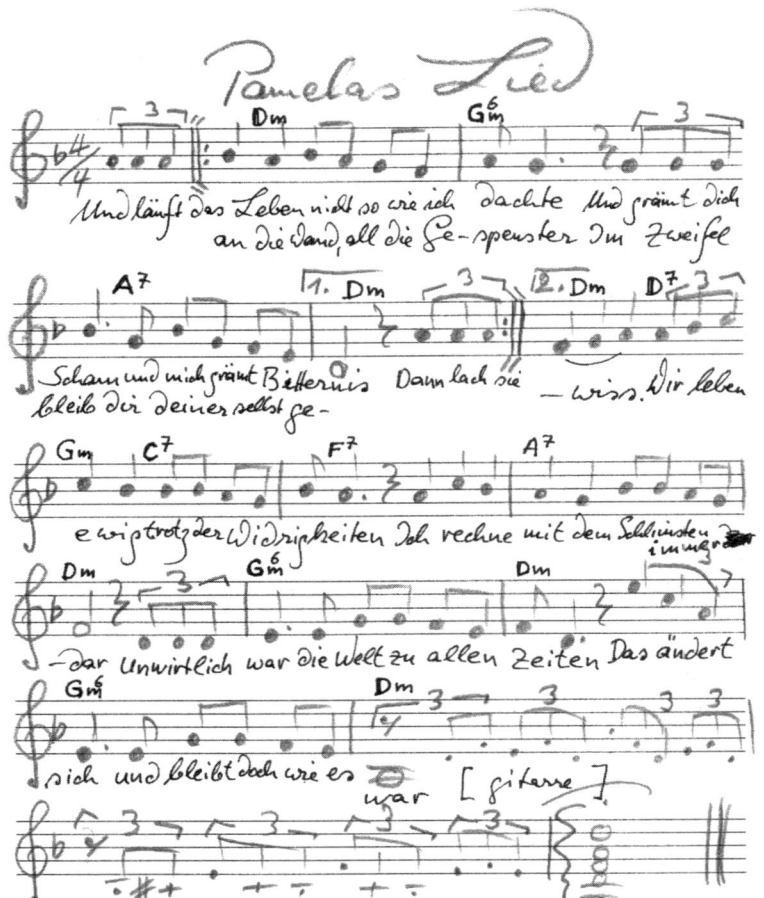

Pamelas Lied

Und läuft das Leben nicht so wie ich dachte Und grämt dich
an die Wand, all die Ge-spenster Im Zweifel

Scham und mich grämt Bitternis Dann lach sie — wiss. Dir leben
bleib dir deiner selbst ge-

e wiß trotz der Widrigkeiten Ich rechne mit dem Schlimsten
immer

-dar Unwirtlich war die Welt zu allen Zeiten Das ändert

sich und bleibt doch wie es war [gitarre]

Pamelas Lied

Und läuft das Leben nicht so, wie ich dachte
Und grämt dich Scham – und mich lähmt Bitternis
Dann lach sie an die Wand, all die Gespenster
Im Zweifel bleib dir deiner selbst gewiß
    Wir leben ewig, trotz der Widrigkeiten
    Ich rechne mit dem Schlimmsten immerdar
    Unwirtlich war die Welt zu allen Zeiten
    Das ändert sich. Und bleibt doch wie es war

Lang ist der Winter manchmal hier im Norden
Dann blaff ich in die Welt: Rührmichnichtan!
Und weiß ja doch, daß Knospen, die noch schlafen
Ein Sonnenkuß im Frühling wecken kann
    Wir leben ewig, trotz der Widrigkeiten
    Ich rechne mit dem Schlimmsten immerdar …

Auch ich ward immer wieder mal betrogen
In falschem Hoffen. Und trotz alledem
Ich wagte und gewann und hab verloren
So ist nun mal das Leben: unbequem
    Wir leben ewig, trotz der Widrigkeiten
    Ich rechne mit dem Schlimmsten immerdar …

Die Bäume blühn, brülln auch die Weltverwüster
Im Universum kräht nach uns kein Stern
Mein Paradies ist hier mit dir, auf Erden
Dein freches Lächeln küsse ich so gern
    Wir leben ewig, trotz der Widrigkeiten
    Ich rechne mit dem Schlimmsten immerdar
    Unwirtlich war die Welt zu allen Zeiten
    Das ändert sich. Und bleibt doch wie es war

Am letzten Morgen in Helsinki

Am letzten Morgen in Helsinki Da
schrien sie mich aus dem Schlaf, Zwei riesige
Seemöven auf dem Dach zwei riesige Seemöven
auf dem Dach. Sie machten mit ihrem Klage-
ton Ja nur meine Seele wach

Am letzten Morgen

Am letzten Morgen in Helsinki
Da schrien sie mich aus dem Schlaf
Zwei riesige Seemöwen auf dem Dach
Sie machten mit ihrem Klageton
Ja nur meine Seele nach

Ja, schreit nur! Und zottelt mich aus dem Traum
Auch mir fällt der Abschied schwer
Ich muß ja und will nun wieder nach Haus
In Altona bei meinem schönen Weib
Da schlaf ich gut ein – und gut aus

Ich komme bald wieder zur Mittsommernacht
Dann tragen die Elfen im Haar
Den jugendstiligen Jungfernkranz
Und die Trolle tragen im Hosenbein
Versteckt ihren Peikko-Schwanz

Ich komme euch wieder nach Helsingfors
Zu Kalle und Ziffel und Brecht
Im Bahnhof in dem Wartesaal
Bereden wir dann die Probleme der Welt
Und lösen sie alle noch mal!

Krankes Molliekind

Mein Mollie-Fieberkind, hier hoch im Norden fehlt
Uns dein vertrauter Leibarzt, fern in Altona
Klar tut es Papa weh, wenn sich das Baby quält
Da hilft auch nicht, daß ich manch kranke Blagen sah

So 'n Winzling kommt schnell hoch auf 40, sowas weiß
Auch ich. Da helfen Wadenwickel, doch sobald
Ich dich vom Arm nehm, nervt es, wenn du so doll schreist
Ich find so schnell kein Tuch für dich, schön naß und kalt

Wenn du mal groß bist, beichte ich dir, wie ich's mach:
Ich leck dir Spucke auf die heißen Beinchen und
Dann puste ich dich kühler, lecke nochmal nach
Und zauber wie ein Steinzeit-Vater dich gesund

Das ist der Dank? Du, Mollie, mach mich doch nich naß!
Mit Pisse ward ich längst getauft – und nicht zum Spaß

Frühlingserwachen

Am Fuße der Birke blüht Bitterklee
Die Windmühle dreht sich, still ruht der See
    die Landschaft hier ist an allem schuld
Das Binsenkraut macht sich am Ufer breit
Der Apfelbaum blüht, es ist halt soweit
    Natur! Die Natur ist voll Ungeduld!

Die Mutter schimpft mit ihrem Tollkirschen-Kind
Wat büs du jiperich, as böigen Wind
    ik mach dat nich sehn wi du rümlopen deist!
Un mool di nich an as in' Fernsehn, min Deern
Üm so wat schalls du di noch gaanich scheern!
    Mannslüd sünd vun sölber all bannich dreist

Die Kätzchen schnurren am Weidenbaum
Die Wiese ist fett wie ein Kuhsommertraum
    ein Mann sitzt mit seiner Rute im Kahn
Im Schilf steht der Junge mit Segelohrn
Hat nix hier zu suchen und nichts verlorn
    er starrt nur das glitzernde Wasser an

Ein Fisch hat gebissen, die Pose tunkt ein
Der Zaunkönig zwitschert, die Möwen schrein
    der Angler schiebt sich den Hut ins Genick
Wischt sich die Stirne, 'ne Krähe krächzt
Wie bleich da der Tagmond nach Sonne lechzt!
    paar Pfähle verfaulen im Uferschlick

Das Binsenkraut macht sich am Ufer breit
Der Apfelbaum blüht, es ist halt soweit
    Natur! Die Natur ist voll Ungeduld!
Am Fuße der Birke blüht Bitterklee
Die Windmühle dreht sich, still ruht der See
    die Landschaft hier ist an allem schuld

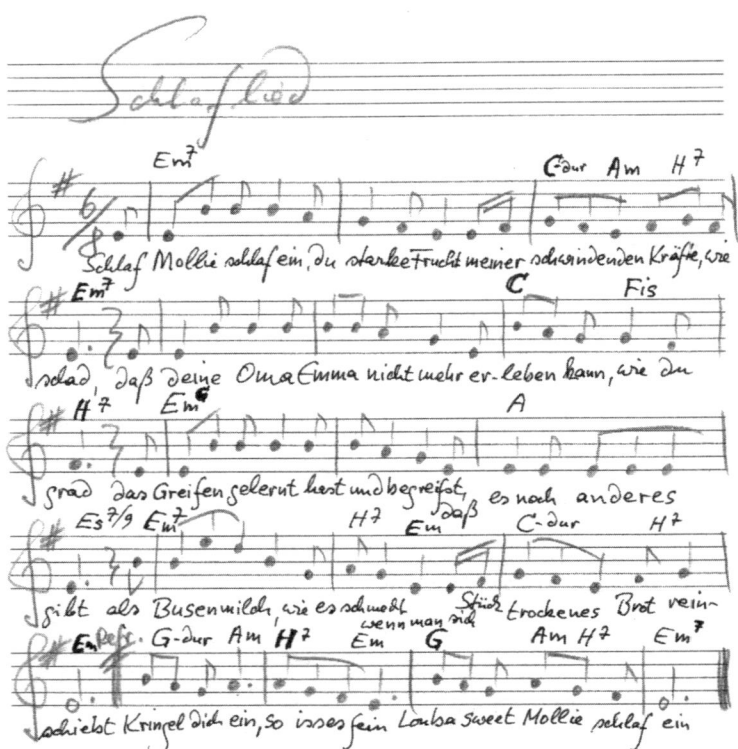

Schlaflied

Schlaf Mollie schlaf ein, du starke Frucht meiner schwindenden Kräfte, wie schad, daß deine Oma Emma nicht mehr er-leben kann, wie du grad das Greifen gelernt hast und begreifst, es noch anderes gibt als Busenmilch, wie es schmeckt, wenn man nich Stück trockenes Brot rein-schiebt Kringel dich ein, so isses fein Louisa sweet Mollie schlaf ein

Schlaflied für Mollie

Schlaf Mollie, schlaf ein, du starke Frucht
Meiner schwindenden Kräfte. Wie schad
Daß Deine Oma Emma nicht mehr
Erleben kann, wie du grad
Das Greifen gelernt hast und begreifst
Daß es noch anderes gibt
Als Busenmilch: wie es schmeckt, wenn man
Sich Stück trockenes Brot reinschiebt
    kringel dich ein, so isses fein
    Louba, sweet Mollie schlaf ein

Du sabberst so schön geduldig und schlau
Die Kruste vom Knust »gaanz to matsch«
So kriegt man auch ohne Zahn was rein
Von dem leckeren Kladderadatsch
Und wenn du bald noch kapierst, wie man
Die Brei-Runterschluckerei macht
Dann schläft deine Mama endlich aus
Weil: dann schläfste mal durch, eine Nacht
    kringel dich ein, so isses fein
    Louba, sweet Mollie schlaf ein

Ich karre dich morgen zum Strand, an' Rand
Zu den Kindern am Spielplatz hin
Dann tratschen die jungen Mütter, ob ich
Dein Papps oder Opa bin
Und Emma auf ihrer Wolkenbank
Da oben, lacht sich schief
Platt spottet sie: »Tja, de Kinner sin lütt
Un de Knochn, min Jung, de sin stief!«
    kringel dich ein, so isses fein
    Louba, sweet Mollie schlaf ein

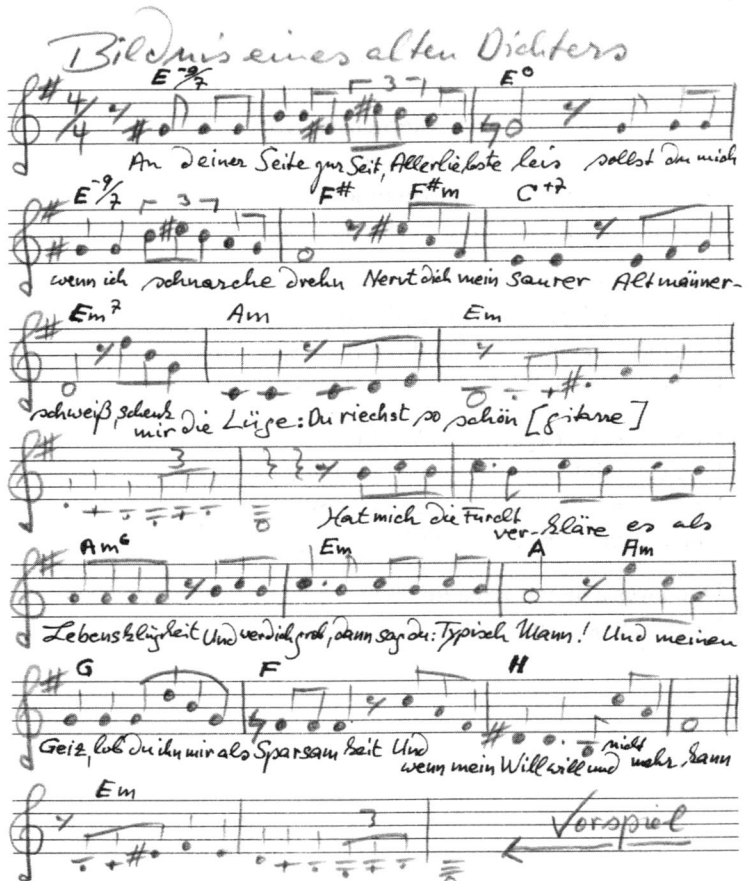

Bildnis eines alten Dichters

An deiner Seite zur Seit, Allerliebste leis sollst du mich

wenn ich schnarche drehn Nervt dich mein saurer Altmänner-

schweiß scheuk die Lüge: Du riechst so schön [gitarre]

Hat mich die Furcht verkläre es als

Lebenstüchtigkeit Und verdich grob, dann sag du: Typisch Mann! Und meinen

Geiz lob du ihn mir als Sparsamkeit Und wenn mein Will will und nicht mehr kann, dann

Vorspiel

34

Bildnis eines alten Dichters

An deiner Seite zur Seit, Allerliebste, leis
Sollst du mich, wenn ich schnarche, drehn
Nervt dich mein saurer Altmännerschweiß
Schenk mir die Lüge: Du riechst so schön

Hat mich die Furcht, verkläre es als Lebensklugheit
Und werd ich grob, dann sag du: Typisch Mann
Und meinen Geiz – lob du ihn mir als Sparsamkeit
Und wenn mein Will will und nicht mehr kann

Dann lasse du es gelten als Vermenschlichung
Und Ungeduld (die meine!) sei dir Leidenschaft
Und wenn ich schwanke, nenne du mich jung
Und nimm mein Zittern als Zeichen von Kraft

Doch wenn mein Lied dein Herze nicht mehr bricht
Lach mich kalt an. Und verlasse mich.

Gitarrenkunde

Fraun sind Gitarrn. Du riechst so schön, wenn ich
Dich spiele, Weib. Die große Ähnlichkeit
Erkennen Kerle auf den ersten Blick
Am Anfang geht das Spielen kinderleicht
Da drückt man sich mit links paar Griffe ein
Erst C-Dur, F-Dur, G und D ... A-moll
Dann wird's schon schwerer, denn die Rechte macht
Ja die Musike und den Meister. Wenn
Ich auf dir klimper, klingst du zauberstark
Wie die Gitarre ... von Claus Voigt gebaut
Wie meine Weißgerber, die allerdings
Spielt ganz von selber (... eine Seltenheit!)
Von euch drei Weibern werde ich mich nie
Mehr trennen – bis zur nächsten Ewigkeit

Was aber, wenn nun 'n Weib Gitarre spielt?
Den cante-jondo: tief, wild, virtuos!
Wie Nora Buschmann die fünf Bagatelln
Vom Briten William Walton – ach, dann wird
Mein Ulk zum abgeschmackten Männerwitz
Beschämt steh ich vor all der Weiblichkeit
So Fuckpoeten labern: »Loch is Loch!«
Und alles andre Schwanz. Die sehn nur noch
Im Schornstein, wie im Marterpfahl, im Mast
In Kerzen, Flaschen, Gummiknüppeln auch
Das steil aufragende Prinzip. So 'n Mann
Spielt mit der Rechten am Gitarrenloch
Greift mit der Linken den Gitarrenhals
Sein Sinnspruch heißt: »Da denk ich immer an!«

Gemach – ich nicht. Gitarre ist viel mehr!
Für mich war die Gitarre nie nicht nur
Ein Weib. Für mich war dieses Wimmerholz
Auch Waffe für den Drachentöter, war
Mein Holzschwert mit sechs Nylon-Saiten drauf
Ihr Corpus war für mich auch dann und wann
Ein Boot, wenn ich durch Blut und Tränen schwamm
Die Sprache bringt es an den Tag: Es kann
Kein Zufall sein – Gitarre hat die Form
Der schoensten frouwen, ist halt unbeschreib-
lich weiblich – die Gitarre ist 'ne DIE!
Der Flügel ist ein DER, das Banjo DAS
Ich laß mich doch nicht von Vernunft versaun!
Egal, wer grade spielt – Gitarrn sind Fraun

Unter dem Apfelbaum

Frau Unglück hat unter dem Apfelbaum brutal meinen
kleinen Finger gekappt. Den rechten an meiner rechten Hand.
Da hab ich im Unglück Glück ge-habt, denn hätt es den
kleinen linken er-wischt, dann wäre der Jammer
rie-sen groß. Wie'n Waisenkind wär meine Weiß ... er ... ber
jetzt ihr'n liebsten Gi-tarren-spieler los.
Der Finger ist hin aber halb so schlimm, es konnte viel
schlimmer passiern. Ja, schlimm, schlimm aber halb so schlimm Ich
muß es nur noch ka-piern, ka-piern, ka-piern

Unter dem Apfelbaum

Frau Unglück hat unter dem Apfelbaum
Brutal meinen kleinen Finger gekappt
Den rechten an meiner rechten Hand
Da hab ich im Unglück Glück gehabt
Denn hätt' es den kleinen Linken erwischt
Dann wäre der Jammer riesengroß
Wie 'n Waisenkind wär meine Weißgerber jetzt
Ihr'n liebsten Gitarrenspieler los
    Der Finger ist hin, aber halb so schlimm
    – es konnte viel schlimmer passiern
    Ja, schlimm schlimm schlimm, aber halb so schlimm
    – ich muß es nur noch kapiern

Gottvaters Fußtritt war fürchterlich
Als Adam beim Baum der Erkenntnis biß
In Eva ihr'n Apfel, da flogen die zwei
In hohem Bogen aus dem Paradies
Doch leider verlor er dabei aus der Hand
Den halb angebissenen Apfel, und drum
Kassierte er voll seine Strafe, doch blieb
Er jenseits des Garten Eden halb dumm
    So geht es auch mir, aber halb so schlimm
    – es konnte viel schlimmer passiern ...

Und da wuchs ja auch noch ein Feigenbaum
Der Baum des Ewigen Lebens war dies
Gott hatte verboten auch dessen Frucht
Den ersten Menschen im Paradies
Wenn einst unser Ahne ahnungslos
Beim Sündenfall Feigen gegessen hätt
Dann könnten wir nachgeborenen Erben
Wie elend unsterbliche Götter: nicht sterben
    Das mit dem Apfel war halb so schlimm
    – es konnte viel schlimmer passiern
    Ja, schlimm schlimm schlimm, aber halb so schlimm
    – wir müssen's nur noch kapiern

Milchstraße

Nicht oft – doch manchmal sah ich schon den Sternenhimmel
So klar, so groß und gut – zuletzt vor dreißig Jahrn
Da krümmte sich die Insel Usedom herum
Ums Achterwasser – ich lag auf dem Fischerboot
Da stehn nicht Häuser rum, es stört den Blick kein Baum
So große Himmel wachsen bloß auf großen Wassern
Allein lag ich im alten Kahn der beiden Brüder
Aus Warthe. Windstill war die Nacht, und ich lag weich
Auf Deck auf einem Haufen trockner Reusennetze
Am Wasserkasten, wo zwei Zentner Zander tobten
Soff ich mich satt am Weiß im schwarzen Firmament
Galaxis heißt das Zauberwort, verschüttet wie
Ein Krug voll Himmelsmilch. Mir schmeckte die Metapher
Mit allen Sinnen leckte ich die Poesie

Jetzt bin ich alt, nun staunen meine schwachen Augen
Mit Brille schwer bewaffnet andre Himmel an
Auch hier find ich den Nordstern vorn am Kleinen Wagen
Seh einen Flieger Richtung Kopenhagen blinken
Der Orion steigt aus dem Wald als Sternenbild
Gelassen auf, von Habernis hoch über's Moor
In Richtung Roikier. Und ich sehe an ihm blitzen
Den Gürtel – die drei schrägen Sterne – und erkenne:
Sogar das Kurzschwert, wie's ihm schimmert vor dem Bauch
Des Jägers Schulter seh ich leuchten: Beteigeuze
Den Riesenstern – so groß, daß in ihn passen würden
Paarmal die Erde, die Planeten, unsre Sonne
Dein großes Herz und meins, die passen da noch rein
Und all der kalte Weltenraum dazwischen auch

Heut, hier, spieln sie verrückt, die Sterne über mir
Und drum vergeß ich das moralische Gesetz
In meiner Brust. Verlockend, frech verführerisch
Erscheinen mir, zum Greifen nah, die Himmelskörper

Wie reife Früchte, die ich einfach pflücken könnte
Leicht, wenn ich nur beherzt genug nach ihnen greife
So stellte ich mich eben auf die Zeh'n und wollte
Für meine Liebste wenigstens den Beteigeuze
Herunterreißen, und nicht immer bloß mit Liedern
Als greiser Orpheus singen in der Unterwelt
Und plötzlich ruft 'ne innre Stimme: Nein! Laß sein!
Mensch, alter Biermann, grade ist das Pflücken schon
Nur eines Apfels! dir am Teich fatal mißlungen
So Eskapaden passen besser zu den Jungen!

Ach was! was paßt denn schon zu wem in welcher Zeit
Die Sterne leuchten, ganz egal, ob ich sie seh
Im Mutterleib schon war ich ein Methusalem
Dreitausend Jahre alt bin ich, von Anfang an
Und bin nun mal ein Glückskind, denn mein guter Stern
War immer da. Ich lebe – das ist der Beweis
Mich schoß kein Mörder in das Massengrab in Minsk
Kam nie in einen falschen Duschraum, bin auch nicht
In Hamburg unterm Bombenteppich mitverbrannt
Als ich auf meiner Mutter Rücken den Kanal
In Hammerbrook durchquerte, war der schwarze Rauch
Ein Totentuch – das reichte für die ganze Stadt
Mir reicht es, daß ein gelber Stern am Himmel steht
Den Rosi Biermann sich einst angeheftet hat

Ja, Rosi Biermann – die jüngere Schwester meines Vaters, eine dun-
kelhaarige Schönheit, Jüdin und Hamburger Deern. So sehen wir sie
tagtäglich am Küchentisch auf einem Familienfoto, das direkt neben
meinem Sitzplatz hängt: Ein proletarisches Kuhle-Wampe-Weekend
in den Schrebergärten der Arbeiter am Ufer des Industrie-Flüßchens
»Bille«. Die charmante Alster gehört mehr den Bürgerlichen. Und bei-
de vereinen sich dann mit den Wassern der Moldau und der Spree im
Elbefluß.

Rosi Biermann war Putzmacherin von Beruf, sie kam mit ihrem klei-
nen Sohn Peter im November 1941 auf Transport nach Minsk. Dort
wurden alle Juden aus Hamburg in die Grube geschossen. Wehr-
macht. SS. Polizeibataillone.

Mit meinem Cousin Peter habe ich gespielt, auf der Straße. Er trug
einen leuchtenden gelben Stern an der Jacke. Ich, das Halbjüdlein, der
Mischling Ersten Grades, mußte keinen Stern tragen. Ich erinnere
mich an diese Szene: Wir waren zu Besuch bei Oma und Opa, den El-
tern meines Vaters, in der Schlachterstraße im Hinterhof, im Schat-
ten der mächtigen Michaelis-Kirche. Der alte Biermann, Elektro-
techniker, fand als Jude keine Arbeit mehr. Meine Oma Louise ging
nun in die Geflügelläden und bettelte um die abgehackten Krallen
und Hälse der Hühner und Enten. Meine Mutter erzählte nach dem
Kriege, wenn wir mal Hühnersuppe aßen: Deine Oma Louise konnte
aus den Abfällen eine bessere Suppe kochen als ich aus dem ganzen
Huhn. Ich sehe noch das Bild vor mir in der kleinen engen Schlachter-
straße. Die dunkle Wohnung. Der alte Biermann lag im Wohnzim-
mer auf der Couch hinten an der Wand und schlief mit einem Hut auf
dem Gesicht.

Peter und ich liefen zum Spielen aus dieser Wohnung im Hochpar-
terre drei, vier Treppen runter in diese hinterhofartige Straße, die mit
Katzenköppen gepflastert war. Wir gingen durch ein hohes Tor raus
auf den breiten Bürgersteig einer großen Straße. Mein Cousin hatte
eine bunte Papierschlange, die er wunderbar schwenkte. Und er gab
sie mir endlich doch ab, damit ich die Schlange auch mal schlenkern
kann. Da war ich so selig ... kann man mit vier Jahren überhaupt schon
selig sein? Ja: noch!

In schwindenden Bildern erinnere ich mich auch noch daran, wie wir
bald darauf an einem düsteren Morgen zur Moorweide fuhren, wo
meine Mutter den Biermanns Socken, Pullover und wollene Unterwä-
sche brachte, die sie im Schlafzimmer, in panischer Hast, die Nächte
durch, gestrickt hatte. Ratsch – Ratsch – Ratsch – Ratsch. Sie schleu-
derte den Handhebel an ihrer kleinen Strickmaschine mit hartem
Schwung hin und her und hin und her, selbst eine kleine Maschine.
Sie strickte so panisch, seit uns das Gerücht erreicht hatte, daß alle
Juden zum Arbeiten in den kalten Osten fortgeschickt werden.

Also lief ich mit meiner Mutter zu diesem Unglücksort. Die uralten
starken Bäume. Das Hauptgebäude der Universität. Diesen hansea-

tischen Umschlagplatz habe ich eingebrannt in meine Ballade von der Elbe bei Hamburg: »Auf der Moorweide irren Judensterne durch das Gras ...«

Dort, nahe dem noblen Dammtorbahnhof, mußten im November 1941 alle Hamburger Juden, die wenigen reichen und die vielen armen, sich einfinden, zur Deportation. Registriert wurden sie im prächtigen Logenhaus, das heute noch da steht.

Juden hatten vorher alle ihre Möbel, Hausrat, Bilder, Schuhwerk und Kleider genau aufzulisten. Dann mußte jede Familie diese Liste zusammen mit dem Wohnungsschlüssel auf der Polizeiwache abgeben. Jeder durfte einen Koffer auf diese Reise mitnehmen, das Gewicht begrenzt. Der Reichsbahntarif wurde kassiert für eine »Gruppenfahrkarte ohne Retour«. Dann mußte alles Geld, aller Schmuck, mußten alle Wertsachen und zuletzt die Ausweispapiere abgegeben werden. Das Einschreiben in die Listen und die Kontrolle ließ der Nazistaat die Juden der Gemeinde selbst machen.

Oma und Opa waren damals Anfang Sechzig, also jünger als ich heute. Beide hatten einen – jeder einen anderen – Vogel. Meine Großmutter Louise, geborene Löwenthal, nahm eigensinnig statt des erlaubten Koffers als Gepäck ihren kleinen Vogelkäfig mit. Darin saß ein Wellensittich, dem sie im Laufe der Jahre den Schnack beigebracht hatte:

Buttsche Biermann! Buttsche Biermann!
Schlachterstraße! Schlachterstraße!

Die beiden alten Biermanns wurden von den andern für verrückt erklärt. Dabei war meine meschuggene Großmutter vernünftiger als ihre Leidensgenossen. Dort, wo die Reise hinging, brauchte man keinen Koffer mehr. Auch mein Großvater John wurde für verrückt erklärt und von den verzweifelten Juden wütend als Panikmacher beschimpft – er hatte gesagt: »Die werden uns alle noch erschießen!« Ein Mann blaffte ihn an: »Du hascha 'n Vogel, das geht doch gaanich!«

All das weiß ich von meiner Mutter. Nichts hatte sie vergessen. Alles, alles erzählte sie mir, immer und immer wieder. So hörte ich von klein auf die selben Geschichten Jahr für Jahr – aber mit jedesmal neuen Ohren. Und die Namen sollen nicht ausgelöscht sein aus meinem Buch des Lebens: Hannah und Karl, Ruth, Rosi und Herbert und Peter, Louise und John, Alfons und Else und Rosa und Albert – die Fotos an unserer Wand. Aber Rosi war die Schönste.

Winterlandschaft im Lande Angeln

Kein Blatt am Zweig mehr, nicht mal 'n Blättchen. Nur
Paar schwarzgefaulte Früchte krallen sich
Wie ausgestopfte Drosseln ins Geäst
Doch eine von den toten Quitten zeigt
Ihr eitles Gelb, als wär noch goldner Herbst
Das Pony döst nah am Elektrodraht
Zartgrüne Wintersaat schläft starr im Frost
Und tut grad so, als ob schon Frühjahr wär
Und sehnt sich nach 'ner Decke Schnee, die wärmt
Der Nachbar hat sein' Knick auf Stock gesetzt
Gehölz liegt da, wie eine Strecke Wild
Von Jägern hin drapiert nach einer Jagd
Am Feldrand sind die Hecken kahlgefegt
Der Sturm hat sich noch immer nicht gelegt

Der Sturm aus Russland hat das Meer gedrückt
Hart in die Bucht. Die Wellen haben schon
Den schmalen Strand verschluckt und beißen nun
Am Fuß des Steilhangs tiefe Wunden rein
Ins Erdreich. Hier am Rand der Küste stand
Ein greiser Apfelbaum. Im grauen Grind
Der Rinde schlafen keine Knospen mehr
Er rutschte runter mit dem Wurzelwerk
Riß fetten Acker mit in' Abgrund, quer
Blieb er auf halber Höhe hängen. Ob
Der Baum im nächsten Jahr noch Früchte trägt?
Um das schon lang kein Flügelpaar mehr schwirrt
Was wird mit dem verlassnen Vogelnest?
Wer weiß – ich weiß nicht mal, was werden wird

Mit mir, mit dir. Blüht uns noch mal ein Fest
Mit Wein und Liedern unterm Freiheitsbaum?
Als Jahreszeiten gab es für mich einst
Nur immer Frühling, Frühling: Frühling nur
Danach nur Sommer, Sommer – viermal das!
Dann bunter Herbst, nur Herbst, und Herbst und Herbst
Jetzt aber hinternander gibt's für mich
Nur Winter, Winter, Winter, Winter. Doch
Noch einmal möcht ich Hundeblume sein
Die auch in einer Regenpfütze blüht
Banal im Jahresrhythmus der Natur
Mit einfach Winter – Frühling – Sommer – Herbst
So paarmal noch mich um die Sonne drehn
Und dann ist gut. Ich hab genug gesehn

Heimkehr

Heim Heimweh gibt es wohl, doch Heimkehr keine Wa-
rum, weshalb, wieso Warum, weshalb, wieso weiß ich doch nicht. Als
ich zurück kam war ich sehr al-leine Paar Fressen fand ich
aber kein Gesicht Ich traf zwei alte Feinde treu ist-
selbe Traf einen immergrünen Freund sogar Ich
selber aber war nicht mehr Der selbe Ich ist ein anderer und das ist klar

Heimkehr nach Berlin Mitte

»Je est un autre« – Arthur Rimbaud, 1871

Heim, Heimweh gibt es wohl, doch Heimkehr keine
    – warum weshalb wieso
Wieso weshalb warum – weiß ich doch nicht!
Als ich zurückkam, war ich sehr alleine
Paar Fressen fand ich, aber kein Gesicht
Ich traf zwei alte Feinde, treu giftgelbe
Traf einen immergrünen Freund sogar
Ich selber aber war nicht mehr derselbe
Ich ist Ein Anderer – das ist doch klar!

An meiner Tür ein Schild mit neuem Namen
    – warum weshalb wieso
Am offnen Fenster stand ein fremder Mann
Canaillen seh ich nun, die nach mir kamen
Die ich nicht hassen darf noch lieben kann
Mein Kiez, das Scheunenviertel: Juden suchten
Dort nach 'nem Dreckversteck im Holocaust
In Ostberlin lauf ich durch Straßenschluchten
Vom Hackschen Hof, wo Bunges Dämon haust

Zum Esterhazy-Keller – steil die Treppe!
    – warum weshalb wieso
Dort sang ich Eislers Brecht am Schrottklavier
Für Ekke Schall, für seine neuste Schnepfe
Soff Wodka mit dem Büffelgras zum Bier
BE! – Wo sind sie alle hin, die Penner
Jetzt starr ich wie verrückt Visagen an
Und denk: so grinste Stasi-Schiefmaul, wenn er
Vor meinem Haus rumhing, als Jedermann

Vorbei! die guten alten schlechten Zeiten
   – warum weshalb wieso
Vorbei der eintrainierte Seelenkrampf
Vorbei die bitteren Glückseligkeiten
Vertraute Tricks im Überlebenskampf
Ein Held, der wieder auftaucht, ach! vom Grunde
Aus dem Inferno, nach den Metzelein
Den beißen nicht mal mehr die alten Hunde
Ich bin Legende ohne Totenschein

Heim, Heimweh gibt es wohl, doch Heimkehr keine
   – warum weshalb wieso
Warum – Weshalb – Wieso? Ich weiß es nicht
Als ich zurückkam, war ich sehr alleine
Paar Fressen fand ich, aber kein Gesicht
Ich traf zwei alte Feinde, treu giftgelbe
Traf einen immergrünen Freund sogar
Ich selber aber war nicht mehr derselbe
Ich ist Ein Anderer. Und das bleibt wahr

Biermanns Bilanzballade im elften Jahr

Der Moloch krepierte wie nebenbei
Stocknüchtern und kreuzbrav vernünftig – so haben
Wir ohne Pogrome und Weltkrieg III.
Den Kommunismus zu Grabe getragen
Die sanfte Spaziergänger-Revolution
In Leipzig gelang ohne Re-vo-lu-tio-näre
Wer weiß, wenn bei unserer Ost-Rebellion
Das Blut in Strömen geflossen wäre

Ein lachender Racherausch war einst, mein Gott!
Der Sturm auf die Bastille dagegen
Da tanzte der Pöbel um das Schafott
Besoffen vom blutroten Frühlingsregen
Mir reicht es als Rache, wenn alle die
Uns quälten, bald auch in der Hölle braten
Mir reicht eine mausgraue Demokratie
Schön bunt brauch ich nur unsre Demokraten

All meine treuen Todfeinde sind
Mit blauem Auge davongekommen
Die jungen Partei-Kader sind geschwind
In stinkenden Geldflüssen mitgeschwommen
Die haben sich clever widervereint
Und machen den Reibach beim Wiedervereinen
Sie suhln sich im Bett mit dem Klassenfeind
Und lachen sich eins ins Fäustchen beim Greinen

Marxistisch verklart, ganz ohne Krampf
Im alten Jargon kann ich singen und sagen:
Das Volk, jawohl! hat im Klassenkampf
Historisch den Sieg davongetragen!
Im übrigen weiß ich: Kein Racheakt
Könnt Jürgen Fuchs mir lebendig machen
Ich lebe! und stehe nun splitternackt
Mal wieder am Anfang und weine beim Lachen

Hommage à Béranger

Pierre-Jean de Béranger, mein Sohn
War zwölf Jahre jünger als du: Neun Jahr
Da stand er auf einem Dach in Paris
Und merkte sich scharf, was er Tolles sah:
Das Staatsgefängnis des Königs Louis Seize
Wurd grade gestürmt: die Bastille! Dabei
Ließ damals das Volk auch paar Mörder und Diebe
Zusamm' mit den Freiheitskämpfern frei

Dies feiern Franzosen noch heut jedes Jahr
Mit Tschingdara, Fahnen und Böllerkrachern
Der kleine Pierre-Jean aber wurde berühmt
Der beste von allen Liedermachern
Die`s jemals gegeben haben wird
Und ob du es glaubst oder nicht, das ist wahr:
Der Mann ist in Frankreich vergessen, man kennt
Kein Lied mehr von ihm, dabei war er ein Star!

Doch ein Lied von ihm, ja, sein bestes vielleicht
Das hab ich mir in mein Deutsch gebracht
»Der König von Yvetot« heißt das Chanson
Mit dem Schlager hat er Geschichte gemacht
Er feiert da einen Volksmonarch
Der Wein trinkt und liebt, doch nie Kriege macht
So'n König gab es wohl niemals in echt
Den hat Béranger sich bloß ausgedacht

Das Lied von dem kleinen König, es wurd
Natürlich verboten, wer's sang, kam in' Knast
Der Dichter wurde für dieses Lied
Von vielen geliebt und von manchen gehaßt
Na klar denk ich auch an mich selbst dabei
Til Dog, du Rapper, zieh das in Betracht
Du kennst ja durch Zufall persönlich so'n Typ
Der auch nicht grad schlechtere Lieder macht.

Und wahrlich, ich sage dir: Hätt Béranger
Gelebt in Berlin grad im Wende-Jahr
Und hätte den Sturm auf die Mauer erlebt
Was wär der geworden? – ein Rapper-Star!
Vom großen poète chanteur – wer weiß! –
Die Inkarnation von dem, das bist du!
Und weil ich dein Vater bin, träume ich
Im Ernst: Mensch! du hättest das Zeug dazu

Trinklied für Sweet Mollie

Wir feiern zu Ehren des Gottes der Reben
Ein kleineres Bacchanal, schenkt ein!
Beiß ab, von meiner Baguette, Sweet Mollie
Und laß mich mal nippen an deinem Wein
Doch Schnapsleichen, Kampftrinker, Sauftrottel – nee!
Die stinken mich an mit Fuselgestank
Denn wer im Delirium liegt, der ist ganz
Verdorben für Wein, Weib und Gesang
    Drei Gläser starker Rioja-Wein!
    So singt der alte Troubadour
    So macht es Spaß! So soll sie sein
    Die Europäische Saufkultur:
    Drei volle Gläser sind mir genug
    Das erste trink ich in einem Zug
    Gegen den Durst. Das zweite Glas
    Gegen den Kummer, als Seelentrost
    – aber das dritte trinken wir
      nur auf die Liebe:
        Prost! Freunde, Prost!

Aus Kisten voll Dosenbier saufen sie sich
Den Mut an und haun alles kurz und klein
Und trifft so ein Skinhead auf dunklere Haut
Dann muß das ein jüdischer Nigger sein
Und klatschen sie Ausländer auf, ach, dann hilft
Kein Bürger, schon gar nicht die Polizei
Die einzige Chance: Sie haun mal im Suff
Mit ihren Baseballschlägern vorbei
    Drei Gläser starker Rioja-Wein!
    So singt der alte Troubadour ...

Es trinken die Juden aus Tradition
Ein bißchen zu wenig, ich weiß auch warum
Doch einmal im Jahre, beim Purim-Fest
Da schmeißen sie ihre Gewohnheit um
Sie feiern Errettung aus höchster Not
Und saufen sich so lange voll dabei
Bis sie den Mörder, den Haman schon
Verwechseln mit Retter Mordechaj
    Drei Gläser starker Rioja-Wein!
    So singt der alte Troubadour ...

Es geht ein Gespenst um: Die Leitkultur
Die Fremdmenschen schreckt es im deutschen Wald
Parteipiesel pokern ums rechtere Pack
Es geht nur darum, wer die Wähler krallt
Mit Griechen trink ich Retsina gern
Mit Russen den Wodka, mit Bayern auch Bier
Mit Hanseaten ein' steifen Grog
Am liebsten, Sweet Mollie, trink ich mit dir
    Drei Gläser starker Rioja-Wein!
    So singt der alte Troubadour
    So macht es Spaß! So soll sie sein
    Die Europäische Saufkultur:
    Drei volle Gläser sind mir genug
    Das erste trink ich in einem Zug
    Gegen den Durst. Das zweite Glas
    Gegen den Kummer, als Seelentrost
    – aber das dritte trinken wir
      nur auf die Liebe:
        Prost! Freunde, Prost!

Sintflutige Fluten

Sintflutige Fluten im schönen Sachsen
Der Pleitegeier wirft Sandsäcke ab
Die blühenden Landschaften dort im Osten
Die werden noch kosten und kosten und kosten
Ein riesiges offenes Groschengrab

Ich zappe querbeet durch Germanias Sender
Es stinkt nach Betroffenheitsheuchelei
Aus jedem Kanal quelln Politikerqualen
So knapp vor den deutschen Bundestagswahlen
Nach Wählerstimmen fischt jede Partei

Warum deutsche Deiche so elend brachen
Das weiß jeder Wahlredner ganz genau
Dies Deutschland ist nicht genug grüngelbschwarzrot!!
Drum rette dich, Bürger, in unser Boot!
So knurrt, heult und bellt jeder Wahlkampf-Wauwau

Wir bleiben doch die wir werden

Ce qu'il de certain, c'est que moi je ne suis pas Marxiste.
(Karl Marx)
Ich weiß: sie tranken heimlich Wein.
Und predigten öffentlich Wasser.
(Heinrich Heine)
Aus so krummem Holze, als woraus der Mensch gemacht ist,
kann nichts ganz Gerades gezimmert werden.
(Immanuel Kant)
Die unerträgliche Leichtigkeit des Seins
(Milan Kundera)

'ne frohe Botschaft hab ich für dich:
Wir brauchen die Frohe Botschaft nich
    vom Paradies uff Erden
Marx war kein Messias und nie Marxist
Ob Christ kommt, oder gekommen ist
    – wir bleiben doch die wir werden

Quatsch »Neuer Mensch!« – ach menschnskind
Mir reichts, wenn wir nicht verurteilt sind
    zum In-der-Hölle-Leben
Errichtet bloß kein Himmelreich
Auf Erden, wo wir dann engelgleich
    zum ewigen Lichte streben

Ob wer wo Wasser trinkt, ob Wein
Ist mir egal. So soll es sein:
    mein Blut soll keiner saufen!
Und will nicht Folter, Massenmord
Kein' Stacheldraht für nur ein Wort
    nie wieder Scheiterhaufen!

Ansonsten bleibt das Holz schön krumm
Aus dem der Mensch geschnitzt ist. Dumm
    sind auch die klügsten Leute
Als Einzelexemplar mag's gehn
Gefährlich hab ich Pack gesehn
    nur immer in der Meute

Auch tiefes Schweigen ist oft seicht
Das Leben ist unerträglich leicht – vertan!
    Furcht hab ich – doch nie haben
Soll mich die Furcht. Geb nie klein bei
Bleib lieber stolz und vogelfrei
    sonst fressen mich die Raben

'ne frohe Botschaft hab ich für dich:
Mein Liebchen, wir brauchen die Botschaft nich
    vom Paradies uff Erden
Marx war kein Messias und nie Marxist
Ob Christ kommt, oder gekommen ist
    – wir bleiben doch die wir werden!

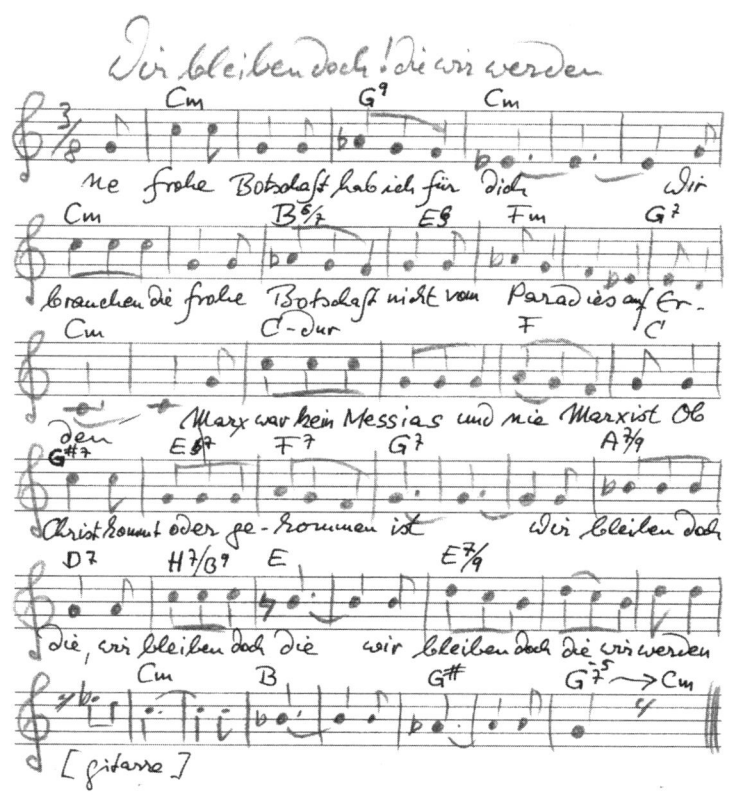

Liebling Brecht – eine poetische Ökonomie

Erste Lektion

Die Musen warn schwer verknallt in Brecht
Das weiß jedes Kind – auch ich sogar
Sie haben den armen B. B. geküßt
Auch starke Frauen (von Anfang an)
Hab'n ihn verflucht und ihm verziehn
Verrückt warn sie nach diesem Mann
Ihr Leben lebten sie für ihn
    Tja, ungerecht ist diese Welt
        ich seh das ein – und soll so sein!

Das werfen ihm nur Banausen vor:
Brecht stahl Gedichte ungeniert
Fraß Welt wie Werke in sich rein
(Vom Mundraub nährt sich das Genie)
So lebte er in Saus und Braus
Nur kleinere Geister stehlen nie
Brav denken sie alles selber aus
    Tja, ungerecht ist diese Welt
        ich seh das ein – und soll so sein!

Brecht holte sich (so wie Beckett auch)
Bei Valentin Tiefsinn im Nonsensladen
Schlang früh Frank Wedekinds Bänkelballaden
Im Stile von Büchners »Woyzek« hat
Der Brecht sich ein Trauerspiel gemacht
(ein deutsches): Soldat im Weltkrieg Eins
Und nannte es Trommeln in der Nacht.
    Tja, ungerecht ist diese Welt
        ich seh das ein – und soll so sein!

Der Bürgersohn wollte nun Bürgerschreck
Nicht länger spielen: Brecht krallte sich
Dann Gorkis Roman »Die Mutter« und hat
Die Revolution auf die Bühne gebaut

('ne deutsche) und was ihm fehlte zum Stoff:
Partei-Dialektik im Klassenkampf
Hat Brecht vom Genossen Lenin geklaut
    Tja, ungerecht ist diese Welt
        ich seh das ein – und soll so sein!

Die schöne Elisabeth Hauptmann zog
Die Beggars Opera ihm ans Land
(ans deutsche). Bei Ammer hat Brecht dazu
Vom Gauner Villon Balladen gestohln
Kurt Weill hat dem Freund salopp bequem
Aus diesem Raub scharfe Schlager gemacht
So lebten sie alle sehr angenehm
    Tja, ungerecht ist diese Welt
        ich seh das ein – und soll so sein!

Das ging so weiter, sein Leben lang
Klabund und Kipling hat er verdaut
Gekaut sogar Marxens Manifest
Auf Mundraub steht keine Strafe. Die Kunst
(die ewige!) fragt nicht nach Urheberrecht
Auf lange Sicht setzen sich immer durch
So Typen wie Shakespeare, Homer und Brecht
    Tja, ungerecht ist diese Welt
        ich seh das ein – und soll so sein!

Zweite Lektion
Dann gibt es noch den pikanten Aspekt:
Die Musen sind nicht nur kapriziös
Die sind auch hörig (und manchmal blöd)
Ihr Liebling kann eine Canaille sein
Mit einem katastrophalen IQ
Ein Simpel, ein Zeitgeist-Parvenü
Sie stecken ihm trotzdem alles zu
    Tja, ungerecht ist diese Welt
        ich seh das ein – und soll so sein!

Nimm mich als Beispiel: ach, leider dumm!
Hab schwer geirrt und mußte dann
Mich korrigieren, radikal
Und wurde, als ich klarer sah
Ein Renegat (im besten Sinn)
Drum kam mir die Muse noch näher nah
Und schenkte mir ihre Schätze hin
 Tja, ungerecht ist diese Welt
  ich seh das ein – und soll so sein!

Und woher kriegt eine Göttin all das
Was sie ihrem Liebling heimlich gibt?
Sie nimmt es von denen, die sie verschmäht:
Die klügsten Vielschreiber ohne Talent
Sie raubt deren Hirn und das Herz dazu
Drum dichten die tief unter ihrem Niveau
– und solch ein beklauter Mensch bist du!
 Tja, ungerecht ist diese Welt
  ich seh das ein – und soll so sein!

Mir aber gelingen Lieder manchmal
Die schöner und tiefer und besser sind
Als ich. Die Muse braucht gar keinen Grund
'ne Göttin liebt kalt (ohne Herzeleid)
Das finde ich praktisch und gar nicht schlecht
So nippen auch wir an der Ewigkeit:
Denn Liebe ist göttlich ungerecht
 Tja, ungerecht ist diese Welt
  ich seh das ein – und soll so sein!

Dritte Lektion
Das ist die ganze Wissenschaft
Po-e-ti-sche Ö-ko-no-mie:
Profit, Bankrott, Gewinn, Verlust
Großdichter adeln (frech mit Lust)
Die Konkurrenz, die sie beklaun
Klaun aber Kleine, werden sie

Als Taschendiebe weggehaun
    Tja, ungerecht ist diese Welt
        ich seh das ein – und soll so sein!

Der Reiche wird nur reicher noch
Der Arme ärmer – in der Kunst
Soll es so sein, mein Freund. Jedoch
Im echten Leben hasse ich
Monströsen Reichtum grad so wie
Brutale Armut – beide sind
Ja Gift für jedes Menschenkind
    Zu ungerecht ist diese Welt
        das will ich nicht – und seh's nicht ein!

Vierte Lektion
Im Februar Sechsundfünfzig hob
Chruschtschow den Zipfel vom blutigen Tuch
Das über dem riesigen Sowjetland lag
Da zog Brecht Bilanz, floh in den Tod
Er hatte drei Groschen Nachsicht mit sich
Und rechnete richtig, Brecht wußte: Er lebt
Als Liebling der Musen ewiglich!
    Tja, ungerecht ist diese Welt
        ich seh das ein – und soll so sein!

Mich wundert

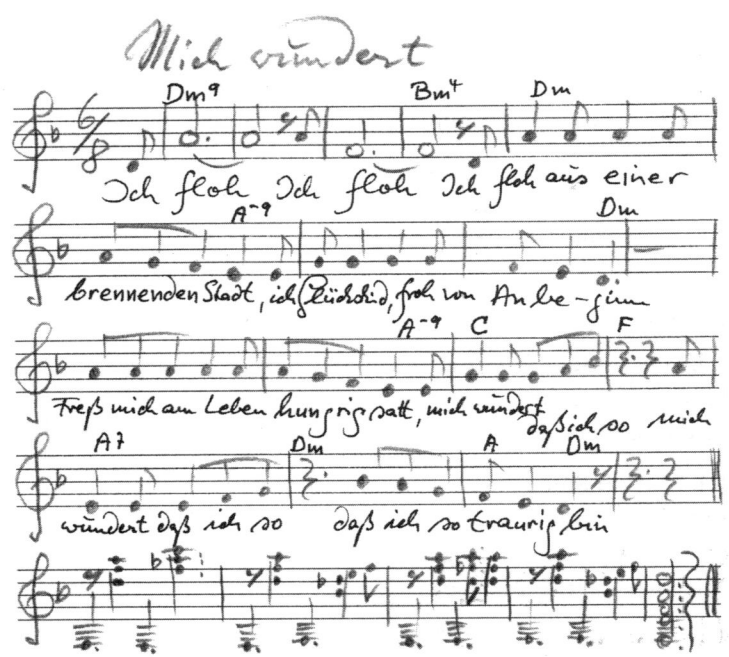

Ich floh, Ich floh, Ich floh aus einer

brennenden Stadt, ich (Rückblick) froh von An-be-gin

Freß mich am Leben hungrig satt, mich wundert daß ich so, mich

wundert daß ich so daß ich so traurig bin

Mich wundert

Ich leb, und waiß nit wie lang,
Ich stirb und waiß nit wann,
Ich far und waiß nit, wohin,
Mich wundert, das ich froelich bin.
Grabspruch des Magister
Martinus von Biberach zu Heilbronn,
gestorben 1498

Ich floh aus einer brennenden Stadt
Ich Glückskind, froh von Anbeginn
Freß mich durchs Leben hungrigsatt
Mich wundert, daß ich so traurig bin

Ich heul zur Sonne, heule zum Mond
Ein Wolf bei mancher Schäferin
Und hab den Herden beigewohnt
Mich wundert, daß ich so einsam bin

Ich half mir selbst, drum hilft mir Gott
Im Beten seh ich keinen Sinn
Bin ein moderner Don Quichotte
Mich wundert, daß ich so hilflos bin

Ich weiß ja: Unrecht ist uralt
Verlust ist unser Hauptgewinn
Und doch läßt mich kein Elend kalt
Mich wundert, daß ich so zornig bin

Ich bin gewiß – und weiß nicht wer
Ich gehe und weiß nicht wohin
Ich komme und weiß nicht woher
Mich wundert, daß ich so fröhlich bin

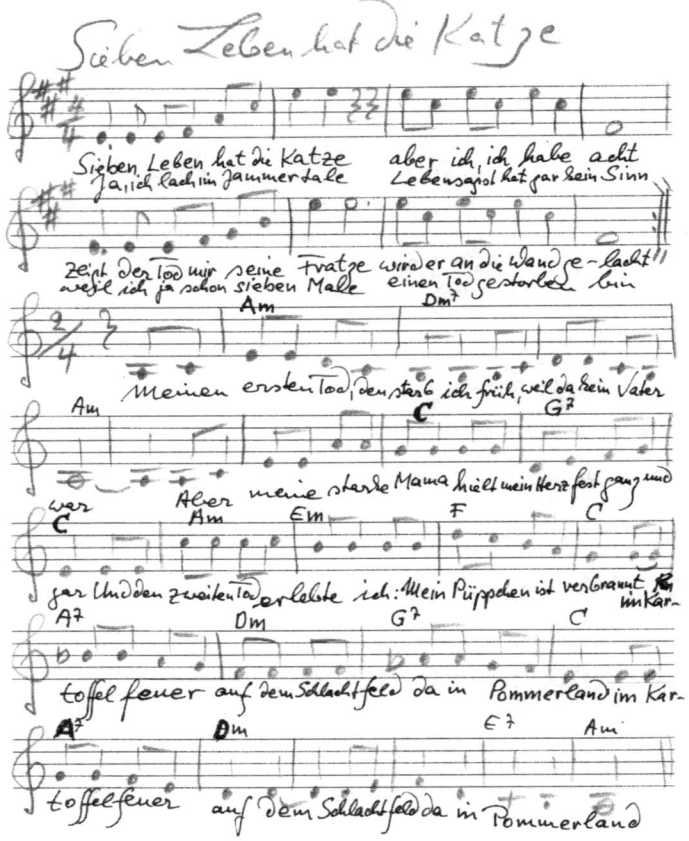

Sieben Leben hat die Katze

(Eva-Maria Hagen ein letztes Mal auf'n Leib geschrieben)

Sieben Leben hat die Katze
Aber ich, ich habe acht
Zeigt der Tod mir seine Fratze
Wird er anne Wand gelacht
Ja, ich lach im Jammertale
Lebensangst hat gar kein' Sinn
Weil ich ja schon sieben Male
Einen Tod gestorben bin

Meinen ersten Tod, den starb ich
Früh, weil da kein Vater war
Aber meine starke Mama
Hielt mein Herz fest, ganz und gar
Und den zweiten Tod erlebte
Ich: Mein Püppchen ist verbrannt
Im Kartoffelfeuer auf dem
Schlachtfeld da in Pommerland

Als mein Bruder für uns Kohlen
Vom Waggon im Winter stahl
Fuhr der Zug ihm beide Beine
Ab – ich starb zum dritten Mal
Und zum vierten, als mein Liebster
In dem falschen Bette lag
Ich im vierten Monat schwanger
Das war 'n Doppel-Mordanschlag

Und vor Glück bin ich gestorben
Fünftens, weil mein einzig Kind
Schöner war als alle Babys
Die jemals geboren sind
Und vor lauter Scham, vor Ängsten
Starb ich dann zum sechsten Mal
Als Big Brother uns zersetzte
Mich und meinen Schnauzbart-Baal

Und sie jagten uns wie Hunde
In die Freiheit ins Exil
Da starb ich zum siebten Male
Immer weiter ging das Spiel
Auch im Westen Stasi-Spitzel
Markus Wolf im Hintergrund
Aber plötzlich fiel die Mauer
Und die Welt war wieder rund

> Sieben Leben hat die Katze
> Aber ich, ich habe acht …

Sonnenfinsternis

»Fürchtet Euch nicht vor den Sternen
– so wie die Heiden es tun.«

Sonne schwarz! Jahrtausendwende!!
Dumpfe Furcht, verquastes Sehnen
Mänsch verspürt es in den Genen:
Gott, jetzt kommt das Weltenende!!!

Herr im Himmel in Exstase
In den Sternenteppich beißt er
Unsre Erde schießt koppheister
Auf dem Nachtschrank wackelt Vase

Kosmisch heuln Coronaflammen
Teufel, die sich Englein grillen
Fielmann schenkt dem Volke Brillen
Schon bricht der Verkehr zusammen

Sonnenwinde stark verbogen
Im Magnetfeld des Planeten
Nostradamus, Schmerzpoeten
Wabern wild wie Astrologen ...

Quer durch alle Glaubensrassen
Zukunftsängste, Panikmache
Satellit zeigt nervenschwache
Aufgescheuchte Menschenmassen

Heidenängste, Guru-Sekten
Im globalen Endzeitfieber
Freitodfreunde sterben lieber
Solo, als vereint verrecken

Unter einer Riesendecke
Kochend in Galaxensuppe
Und verglühn als Sternenschnuppe
Mit dem Nachbarn umme Ecke

Pluto, Jupiter und Venus
Irren in Protuberanzen
Und es stöhnen stumm die Planzen
Tiere spüren: Jetzt ist eh Schluß!

Laßt euch nicht ins Boxhorn jagen
Und nicht ver-apo-ka-lypsen
Von gebissnen Tollwutfüchsen
Wolf wird euch die Wahrheit sagen:

Nein, die Welt geht nicht kapores!
Gottes Hemisphärenbaustil
Liefert bloß ein Sternenschauspiel
Und so 'n Stück lehrt keine mores

Es gab Sintflutwassersaufen
Menschnfresserei und Kriege
Niederlagen, Pyrrhussiege
Folterkeller, Scheiterhaufen

Also macht euch bloß nicht knülle
Denn es kommen Untergänge
Und die ziehn sich in die Länge
Hinter uns ... liegt die Idylle.

Religionsunterricht

Der Liebe — Gott mein liebes Kind liebt
(2. mal: C)
alle Menschen-kinder (2. mal: F)
schwarzen, die weißen, die gelben, die roten, die
guten, die bösen nicht minder
schuf unsre Welt, ja das ist wahr
schuf auch die Vögel und Af-fen
a - ber schuf Gott? Du, das ist klar. Den hat ja der
Mensch, den hat ja der Mensch, den hat ja der Mensch er-schaffen

Religionsunterricht

für Doris Rosenkranz

Der Liebe GOtt, mein liebes Kind
Liebt alle Menschenkinder
Die schwarzen, die weißen, die gelben und roten
Die guten – die bösen nicht minder

Gott schuf unsre Welt? – Ja, das ist wahr
Gott schuf auch die Vögel und Affen
Wer aber schuf Gott? – Du, das ist klar:
Den hat ja der Mensch erschaffen

Wir sind seine Schöpfer. Und ER ist gewiß
Viel menschlicher als seine Macher
Gott ist ein gestrenger Lehrmeister und
Ein freundlicher Widersacher

Gott ist unser edleres Ebenbild
So hausen wir hier auf Erden
Wir eifern dem eigenen Kunstwerk nach
So wollen wir Menschen werden

Kinderkatechismus für Mollie

Du fragst mir ja komische Löcher in' Bauch
Und setzt mich schon ganz schön auf 'n Pott
Na klaro, mein plietsches Mollie-Kind
Weiß Gott – wir ahnen es alle – es gibt
In echt hoch im Himmel den Lieben Gott

Nach seiner Schöpfung vor fünftausend Jahrn
Hat Gott immer wieder Wunder vollbracht
Das größte Wunder bei Gott allerdings
Das ist er selber. Und nun fragst du mich
Natürlich: Wer hat denn dies Wunder gemacht
Ich sag dir 'n Geheimnis, mein kluges Kind
Behalt es für dich, denn die Leute sind
In diesem Punkte ganz ohne Humor
Dein Ur-Ur-Ur-Ur-Ur-Ur-Ur-Opa hat
Den Gott der Juden und Christen erdacht

Gott sieht uns beide, ER mag dich gern
Er weiß: Du bist jetzt schon fünf Jahre alt
Gott kennt deinen Namen Mollie – und auch
Dein gelbes Fahrrad mit Stützräder ab
Gott liefert uns für den Schneemann den Schnee
Sein Erdöl macht uns im Schornstein den Rauch
So macht Gott im Winter das Haus schön warm
Macht Abendbrot, macht auch das Morgenrot
Das Mickymaus-Pflaster fürs Blut am Wehweh
Gott schuf auch die Dinos, die sind längst tot
Delphine, die gar keine Fische sind
Und Pipi Langstrumpf, das zehnte Gebot
Den Hunger nach Freiheit. (Was soll das sein?
Das kann ich dir nicht verklaren – nein!)

Und manchmal macht Gott die Nachtigall nach
Denn seine Thomaner, die singen den Ton
In Leipzig die Lieder vom Kantor Bach
Wie Engel im Himmel auf Erden schon
Er schuf unsern Garten, die Frösche im Teich
Den Fischers Park für das Laternegehn
Den Nußbaum, den riesigen Rosenstrauch
Den Sommer, den Winter, den Frühling sogar
Den Herbst und die Wolken, das Sonnenlicht
Und Mama ihrn Busen, mein graues Haar
Die Mücken und Bienen, auch Ebbe und Flut

Und weil er dein Leckermäulchen kennt
Macht Gott Langnese-Eis am Stiel
Wenn du es am Eck von der Tanke holst
Für einen Euro und fünfzig Cent
Gott macht auch den Pferden den langen Schwanz
Von Gott lernte ich das Gitarrespiel
Gott trägt auch die Engel aus Blech durch die Luft
Den Airbus, die Boeings aus USA
Er schiebt auf den Schienen die Eisenbahn
Er schwimmt mit den Flüssen ins weite Meer

Gott hütet das U-Boot, den Hering, den Stint
Gott macht manchmal Flaute, mal Nordseesturm
Und wenn so 'n Containerschiff dann versinkt
Auf hoher See bei Wedder un Wint
Dann weint Gott aus Wolken mit Donner und Blitz

Gott hat auch ein dickes Reimlexikon
Auch Papas Computer hat er installiert
Und zeigt mir den Server für E-Mail-Post
Gott schickte mich in den Garten jetzt
Und hat mich zum Apfelpflücken gelockt
Für deine liebe Mama und hat
Brutal meinen Finger abgefetzt
Ich weiß nicht warum und nicht wozu

Gott ist auch zu gottlosen Luftmenschen nett
Er segnet den Moslem, den Juden, den Christ
Ist Bordsteinschwalben ein Schutzpatron
Behütet die Luden, den Kiezpolizist
Sein Lieblingsvögelchen ist der Spatz
Die Große Freiheit, die Reeperbahn
Da ist auf der Welt sein Lieblingsplatz

Gott findet sich göttlich geil, Gott lacht
Und sieht er sich abends im Spiegel an
(das ist die Alster, die spiegelt so schön)
Dann sagt er: Mensch Gott! hassu gut gemacht!

Er spielt auch manchmal den bösen Schalk
Gott prüft wie 'n gemeiner Mephistophelist
Den Richter am Hamburger Landgericht
Wenn dieser Beamte wie 'n kleiner Gott
Aus Dummheit und Gier die Gesetze bricht
Zugunsten der Mielke-Canaillen, verschont
Die Lumpen und prügelt den leeren Sack
Damit endlich das zusammenwächst
Aus Ost und West, was zusammengehört:
Gesamtdeutsch vereintes Verbrecherpack

Du siehst schon, min seute Appelsnuut
Gott führt zusammen, er spaltet nicht
Das Schlechte sogar macht er gründlich gut
Kreiert all den Himmel- und Hölle-Klimbim
Den Haß in der Liebe, im Lieben den Haß
Den Tiefsinn, den Blödsinn, er weint und lacht
Und alles macht Gott in Schwarzarbeit
Für Seelengeld! und das ist Gottes Lohn

Epilog
Nur eins hab ich ganz alleine vollbracht
Da mußte auch kein Aas mir helfen bei
Mit liebeslustgläubiger Abgötterei
Dich habe ich mit Bedacht gemacht
Und wie? Mensch, du fragst mir Löcher in' Bauch
Frag nicht nach dem Märchen vom Klapperstorch!
Ich machte es zauberzärtlich und wüst
Ich bin ganz genau, wie die anderen sind
Ich hab dich bei Vollmond, mein Mollie-Kind
In deine Mama tief reingeküßt

Credo

Ja, glauben!
Glauben muß der Mensch
Ganz gleich an Gott, an Götter
Woran? – egal!
An welchen Scheibenkleister
Nur wie wir glauben, dieses Wie
Ach! dies verflixte kleine Wie
Scheidet die Geister

Woran geglaubt wird, ach, das ist
Schnurzpiepe! Glaube stur
Katholisch das Herzjesulein
Glaub Luthers Jesus Christ
Glaub an Jehova, glaube nur
An Mohammed, du hast die Wahl
Auch bei dem Bodenpersonal
Kalif, Rabbiner, Priester, Pope
Glaub an Orakel, Kaffeesatz
Glaub deinem Köter, deiner Katz
Glaub fest an Horoskope
Glaub ans Gevögel aller Art
An Engel, Adler, Spatzen
Schluck als Oblate Jesu Leib
Kau Körner, Nägel, Matzen
Glaub noch absurder ohne Grund
An Menschen. Glaube dich gesund
An Fortschritt oder Fügung
Glaub an die Macht der Liebe, glaub
Im Knien, Sitzen, Liegen
Glaub an ein Leben vor dem Tod
Und glaube, daß das Glauben hilft
Es frißt der Teufel in der Not
Auch Fliegen

Es ist ganz gleich, woran du glaubst
Du trotzest dem Geschick
Ob du nun nagelst oder schraubst
Das Brett vorm Kopp sei dünn, sei dick
Ob du nun 'n Knall hast oder 'n Stich
Verliere nie das Lachen
Vor allem über dich
Mit Hühner- oder Heldenbrust
Glaub an dich selbst nach Herzenslust
Glaub tot an roten Klassenkampf
Egal! nur glaube ohne Krampf
Und giftdurchtränkten Eifer
Hauptsache nur: der Glaube. Glaub
Gelassen, ohne Geifer

Das neue ABC

1

Mit blutigen Füßen steigen wir
Ins neue Jahrtausend ein
Dieses Inferno in New York
Mag bloß ein Anfang sein
Hundert Milliarden hat es nur
Dies erste Mal gekost'
So Peanuts liefert Westdeutschland
Pro Jahr als Hilfe Ost
  Dächt ich nur an das Geld der Welt
  Wär der Verlust nicht groß
  Die Börse in Manhattan brummt
  Ob Baisse oder Hausse

2

Doch bald spielt uns das Terrorpack
Sein Liedchen C-B-A
Und ruft im Hase-Igel-Spiel
Wie irre: Bin schon da!
Das Massensterben fängt erst an
Der neue Terror trifft
Das nächste Mal auch nuklear
Mit Seuchen oder Gift
  Dann hört die Sprachverwirrung auf
  Wenn's in den Orkus geht
  So kommt ein neues A-B-C
  Das jedes Volk versteht

3

Wer das noch überlebt, starrt dann
Voll Neid ins große Grab
Vorbei! die gute alte Zeit
Als es noch Kriege gab
Mit Niederlagen, Schlachtenlärm
Mit Frieden nach dem Sieg

Die schönen Zeiten sind passé:
Nie wieder gibt es Krieg
    Jetzt bin ich alt und fürchte mich
    Daß wir verloren sind
    Doch nicht um mich, ich zittere
    Um dich, mein liebstes Kind

Wenn die Sonne eine Stunde

Später zu mir kommt am Morgen
    westwärts bis nach Altona
Auf dem Weg von Israel, dann
Lieg ich wach und warte schon auf
    ihre News und Totenklagen
Steine, Pizzeria, Panzer
In Jerushalajm Al-Aksa
    Hamas, Libanon, Hisbolla
Sederabend in Netanya
Tel Aviv. Tod in der Disco
    Haifa, Bethlehem und Jaffa
        Siehste: Ick brauch jar keene Zeitung
        Tagesschau, die doppelt quält
            meine Sonne hat mir schon alles
            hier in Deutschland über alles
            viel wahrhaftiger erzählt

Schlimmer als am Bauch die Bomben
Schlimmer als in Knabenhänden
    die Kalaschnikow, die Steine da
Schlimmer noch ist dieser blinde
Haß von klein auf eingefüttert
    in die mörderische Brut da, ja ...
Paradiesisch siebzig Jungfraun
winken jedem Selbstmordmörder
    Ruhm und Rente winken irdisch
Der Familie solcher Opfer
Denn wo Gott so übergroß wird,
    schrumpfen seine Menschenkinder
        Siehste: Ick brauch jar keene Zeitung
        Tagesschau, die doppelt quält
            meine Sonne hat mir schon alles
            hier in Deutschland über alles
            viel wahrhaftiger erzählt

Und blutjunge Juden stiefeln
Angstvoll, von der Welt geächtet
    als Besatzer durch die Westbank da
Rache wird gerächt mit Rache
Keiner kommt mit saubren Händen
    aus dem Bruderkrieg am Jordan
Ob die Palästina-Fahne
Überm Sarg liegt, ob der blaue
    Davidstern auf weißem Laken
Ach! bei dem Begräbnis sind auf
Beiden Seiten Müttertränen
    salzig salzig salzig salzig

Reisebericht

1

Und dies hier ist mein Bericht von der Reise
Froh unter den schattenspendenden Freunden
Im Heiligen Lande lustwandelten wir
Und angenehm war's in der Hölle auf Erden
Da tanzt meine Sonne unter der Sonne
Mit langen, mit arischen blonden Beinen
Wo Milch fließt und Honig, da fließt auch in Bächen
Das Blut der Juden, das Blut der Araber
Und wo sich das Salz der Tränen so rötet
Verblöden die Klugen, veröden Versöhner
Verwüstet wird jeder, der Recht hat und tötet
    – kein andres Land finde ich schöner
       kein anderes ist mir lieber

2

Das schönste an Erez Israel war mir
Mein Wieder-zu-Haus-sein: Die erste Nacht dann
Im eigenen Bett hier im kühleren Hamburg
Da flogen wir leicht unterm Monde los
Hoch über dem brummenden Hafen, und höher
Wir flogen stromaufwärts ein Stück die Elbe
Und weiter gen Osten an Israels Küste
Erkannten im Licht Tel Aviv, am Rabinplatz:
Da steht Natan Zach an dem Fenster, kaut munter
Paar Verse aus Stein (ohne Reime tut's weher)
Und mit ein paar Schnäpsen schluckt er sie runter
    – kein andrer Poet ist mir näher
       kein anderer ist mir lieber

3

Wir sahn Richtung Jordan Jerusalem, sahn auch
Den Tempelberg. Drunter das jüdische Viertel
Sahn George, den Armenier, lachen, das Schlitzohr
Vorm Jaffator. Da! das arabische Viertel
Das christliche. Da! der Kibbuz Shefayim

Wo Rochele Katzenelson schon einnickt
Vor ihrer Glotze. Katholische Bilder
Aus Rom: Prozession mit dem falschen Messias
Die Schweizergarde! Die Pilgerpiste
Gesänge, Geseire, Gebete, Gewimmer
Mit Christus am Kreuz und dem Mann in der Kiste
    – kein' anderen Papst fand ich schlimmer
        kein anderer ist mir lieber

4

Am End' seiner Zeit als Geschäftsführer ward nun
Der Pole bestellt zum Geschäftsreport
Kniet nieder vor seiner letzten Instanz
Und legt vor den Chef am Wolkentisch hin
Die katastrophale Schlußbilanz
Gottvater jault auf vor Schmerz und Wut
Die ganze Firma – Mensch! – geht bankrott!!
Die Engel kreischen, der Teufel ist los
Ein wütendes Tohuwabohu beginnt
Viel böse Worte. Doch mir sind vertrauter
Paar salzige Tränen, geweint in den Wind
    – kein Schweigen sonst brüllt noch lauter
        kein anderes ist mir lieber

5

In Rom feiern Herren sich nun aller Länder
Frech Seite an Seite mit Demokraten
Geschminkte Tyrannen und Völkervernichter
Mit Schau-Trauern, Schau-Beten auf allen Sendern
Wir aber warn näher, mein Gott, bei dir! Und
Bei schattenspendenden Freunden, wo Milch fließt
Wie Tränen, wo Blut fließt wie Honig. Im Lande
Der Tora lustwandelten wir, wo einstmals
Leidwandelte Jesus, genannt der Erlöser
Er war ein Entrückter, ein heilig Verzückter
A mensch – und das heißt ja: ein Guter, kein Böser
    – kein Rebbe war je verrückter
        kein anderer ist mir lieber

Auch das ist Größe

Auch das ist Größe bei den Gerechten
Sie können ermessen wie klein wir sind
    wie nichtig in wuchernden Wichtigkeiten
Wo Menschen nur höhere Ziele verfechten
Da zeigt sich erst wie gemein wir sind
    wie falsch in all unsern Richtigkeiten

Faustregel

Ja doch! falsche Freunde sind zum
Kotzen, das weiß jedes Kind
Bloß bedenk, daß falsche Feinde
Manchmal viel! viel schlimmer sind

Siege über falsche Feinde
Sind oft schwerste Niederlagen
Nur! nur wahren Feinden mußt du
Treu sein und sie tapfer schlagen

Grad im Clinch mit Feinden bist du
Widerlich intim vereint
Wählerisch sei – wie bei Freunden –
Darum auch mit einem Feind

Mishkenot Sha'ananim in Erez Israel

für Stefan Heym

So tief zerfreunden kann man sich
Wohl nur mit einem guten Freund!
So herzzerreißend hatte ich mir
Kein Wiedersehen erträumt
Als ob ER uns zum letzten Mal
Die Chance hat geben wollen
So lockte uns Gott nach Jerusalem
Zu sich nach Hause: Mein' Ollen

Meinen falschen Feind, Old Stefan Heym
Und mich – nach so vielen Jahren
Der stummen kalten Zwietracht. Schwer
Gebeugt, mit schlohweißen Haaren
Um seine Glatze, so saß er da
Und löffelte sinnend sein Ei
Die Schriftstellergattin aus Ostberlin
Saß lächelndbesorgt dabei

Und weil ich inzwischen ja selber alt
Und vor ihm doch immer der Junge bin
Im Mishkenot Sha'ananim
Ging ich zu dem Freundfeind hin
Und sagte: Laß gut sein, ganz egal
Was uns auch trennte im Streit
Um dieses Deutschland, denn vor uns gähnt
Ein Abgrund: Die Ewigkeit

Ich finde, wir sollten uns lieber hier
Vertragen, im lieblichen Höllenschlunde
Und nicht erst, wenn jeder im Himmel sitzt
Und leckt seine irdische Wunde!
Drei Tage später starb der Greis

Am Toten Meer. Ach – und kaum
Zu fassen: Das Land der Steine war
Bedeckt von lichtgrünem Flaum

Wenn endlich ein Regen in Israel fällt
Dann grünt und blüht die judäische Wüste
Es warten im Sande die Samen da
Vom Jordangebirg bis zur Küste.
So herzzerreißend hatte ich mir
Kein Wiedersehen erträumt
So tief zerfreunden konnte ich mich
Ja nur mit einem Freund

Du!

Bloß ein Soldat! Ein einziger Soldat ja nur
Der israelischen Armee wurde entführt
Ja, es gelang der Hamas in dem Gazastreifen
Sie fingen diesen einen lebend, toller Coup!
Nun schreit ganz Israel und tausendfach »Gewalt!«
Und seine Antwort kommt aus den modernen Waffen
Kofi Annan und du! – ihr beiden Menschheitsretter
Ihr ächtet Israel. Doch ich seh alles das
Mit meinen Augen, Friedensfreund: Ein Streichholz reicht
Im Nahen Osten für dies volle Pulverfaß

Wir nahmen schon wie's Wetter all die Selbstmordmörder
Dann die Raketen wie ein Hitchcock-Vogelschwarm
Auf Tel Aviv und Haifa und Jerusalem
Nun baun Iraner schon die Bombe aller Bomben
Auslöschen wolln sie Israel, das spornt sie an
Vollenden Hitlers Endlösung der Judenfrage
Wir zappen durch die bunten Bilder in der Glotze
Mit eignem Fernsehauge kann es jeder sehn
Ich fürchte: Das geht gar nicht gut aus. Und es kann
Auch nicht in nochmal hundert Jahren gut ausgehn

Die Juden zeigen ihre Kinder, Männer, Fraun
Nicht vor in diesem Kampf, wenn sie verstümmelt sind
Die starken Bilder im totalen Medienkrieg
– da wirken Kinderleichen ganz besonders gut
Arabische, versteht sich, attraktiv zerfetzt
Blutlachen klagen an, das schuldlos frische Blut
Schwarzrot im goldnen Sand, ein Fleck auf dem Asphalt
Durch ungeniertes Zuschaun schaut sie weg, die Welt
Ich starr auf ein zerbombtes Haus im Libanon
Und hause in dem eigenen noch schön bequem

Du sagst, die Juden spielen verrückt? – Da haste recht
Sie spielen verrückt. Die Israelis kämpfen ja
Auf Tod und Leben spielen sie, gut und manchmal schlecht
Ihr Todfeind aber spielt nicht, denn er *ist* verrückt
Vor hoffnungslosem Haß – und das! ist das Problem

Abrahams Söhne

Blutwein der Vergelter
Tränen in der Kelter
Stahl und Steine fressen
    und nie nicht mehr kein Brot
Selbstmordmörder sterben
Heillos ohne Scherben
Auf den Augenlidern
    so schlafen sie sich tot

Gottesstreiter schlachten
Abrah'ms Söhne trachten
Nur danach, wie einer
    den anderen verdirbt
Teufelskreis der Rache
Weinen in der Lache
Blutwein muß ich saufen
    wo alle Hoffnung stirbt

nach Spanien Walter Benjamin 1940

Les Pyrénées

Heimweh

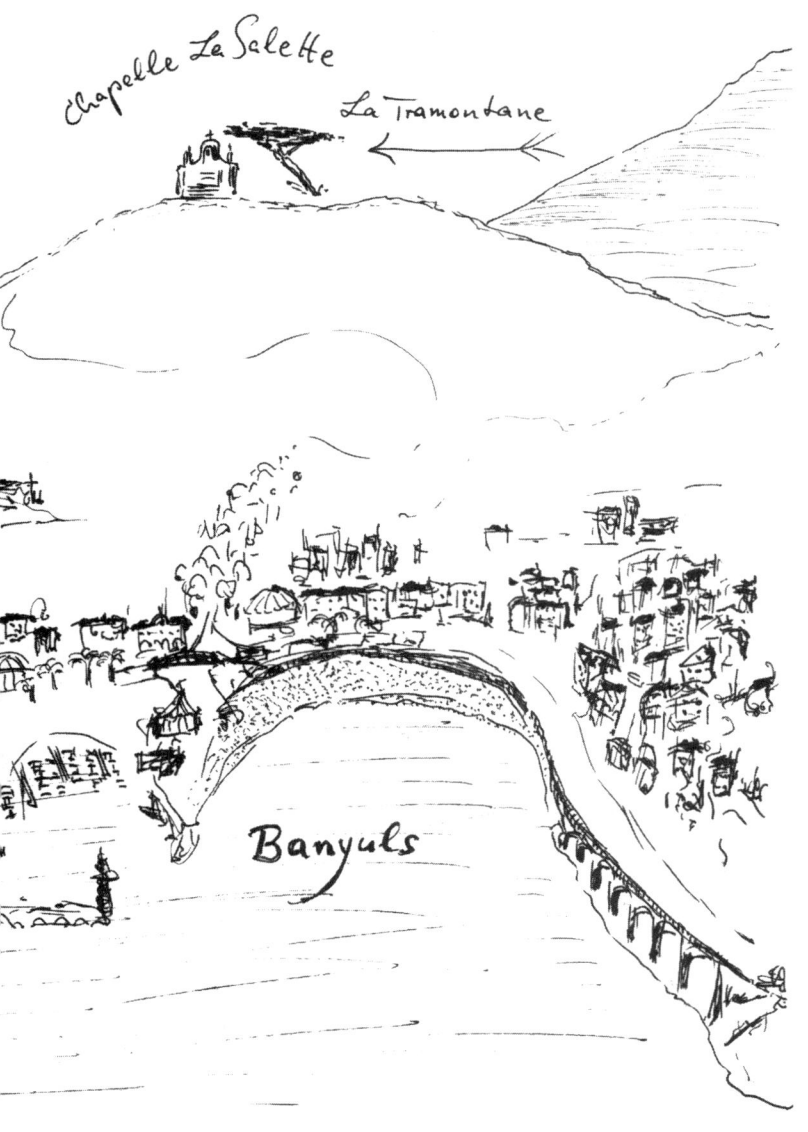

Heimweh

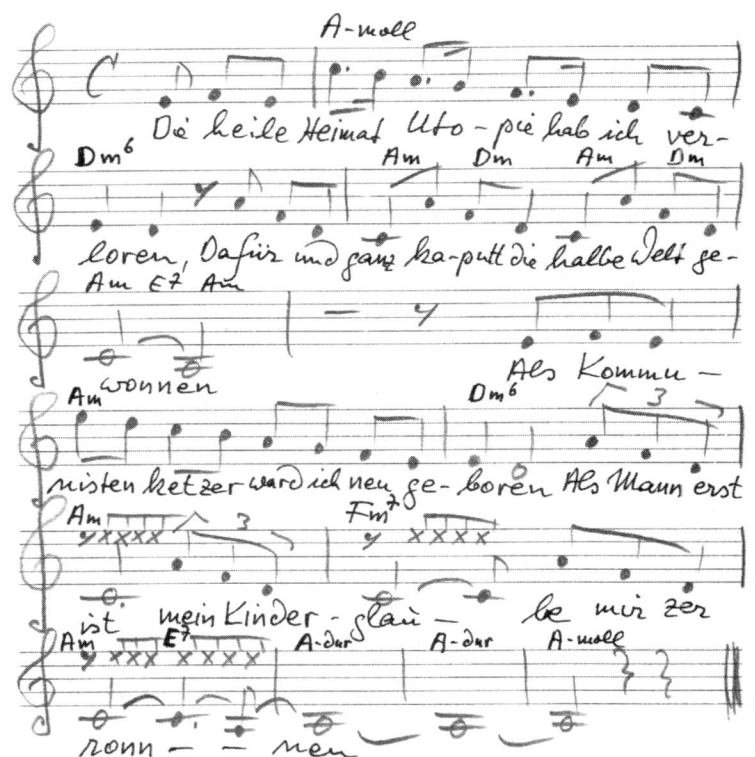

A-moll

Die heile Heimat Uto-pie hab ich ver-
loren, Dafür und ganz ka-putt die halbe Welt ge-
wonnen Als Kommu-
nisten ketzer ward ich neu ge-boren Als Mann erst
ist mein Kinder-glau- be mir zer-
ronn - - nen

Heimweh

Die heile Heimat Utopie hab ich verloren
Dafür und ganz kaputt die halbe Welt gewonnen
Als Kommunistenketzer ward ich neu geboren
Als Mann erst ist mein Kinderglaube mir zerronnen

Hab manchmal Heimweh noch nach diesem blöden Hoffen
Statt Mensch wär ich viel lieber Marxens Zwergenriese
Die alte Sehnsucht macht mich manchmal noch besoffen
Spür nächtens den Phantomschmerz aus dem Paradiese

Dies Höllen-Heimweh trieb mich weg vom Vaterlande
Ins Land der Troubadours, wo Wein wächst wie die Lieder
Es trieb mich auch ins Land der Väter, fern am Rande
Traf dort dreitausend Jahre alte Freunde wieder

Allein in meinem kurzen Menschenleben fraß ich
Zwei Diktaturen, schluckte mehrere Epochen
Die echten Kriege, falschen Frieden – nichts vergaß ich
Hab oft nach Angstschweiß wie nach Heldentum gerochen

Schlief tief im feinen Duft aus deinen Lebenssäften
Mein Weib, du bist Utopia für mich geblieben
Ich könnt nicht singen, könnte auch nicht schrein nach Kräften
Schon gar nicht schweigen ohne unser blindes Lieben

Côte Vermeille

Und Weinberge, Weinberge! grünes Gewirr
Die Welt der Mäuerchen, kreuz und quer
Aus rostrotem Schiefergestein, in Brocken
Und kunstvoll geschichtet: Terrassenlandschaft
Viel Knochenarbeit seit griechischen Zeiten
Die Hänge entlang, wo's Gebirge sich senkt
Zum salzigen Meer. Dort reift all die Süße
Und Wildschweinrudel von drüben – ein Schreck!
Passierten im Herbst den Col de Banyuls
Und fraßen ihr'n Teil von der Weinernte weg

Die Morgensonne entzündet paar Wolken
Am Horizont, eh' sie selber auftaucht
Das geht hier so schnell, nur zehn Atemzüge
Schon schwimmt der glühende Ball auf den Wellen
Und wenn die goldenen Strahlen zerschelln
Am roten Gestein, dann leuchtet die Küste
Dann sieht dieses Kitschbild der Fischer im Boot
Er tuckert nach Haus, bringt den Fang seinem Weib
Knurrt: Nix, diese Nacht – aber schön in der Früh
Unsre Côte Vermeille – was für'n goldenes Rot!

La Douce France

Wenn ich, beseligt von schönen Küssen,
In deinen Armen mich wohl befinde,
Dann mußt du mir nie von Deutschland reden;
Ich kanns nicht vertragen – es hat seine Gründe.
Ich bitte dich, laß mich mit Deutschland in Frieden!
Du mußt mich nicht plagen mit ewigen Fragen ...
                    (Heine, 1834 in Paris)

Im Douce France treibt mich ja nicht
Das harte deutsche Vaterlands-Muß
Mein Weib blüht auf im helleren Licht
Und süßer schmeckt mir hier jeder Kuß
Im Languedoc der Troubadours
Couscous marocain, Lamm im Feigensud
Flamenco, Sardana, Gueuleton catalan
Hier geht mich nix an – hier geht es mir gut
        Du, plag mich nicht und frag mich nicht
        Was wird mit unserm deutschen Land
        Ich find auch im Dunkeln dein Gesicht
        Mit meinen fünf Augen an der Hand

Weiß Gott, dies France ist nicht nur
Vin rouge und Freiheit und Chanson
Fraternité, Baguette, l'amour
Ein Scheißkerl ist auch hier ein Con
Mensch! Jedes Vaterland macht krank
Denkt manch Franzose in der Nacht
An Frankreich, schläft auch er so mies
Wie damals der Heine in Paris
        Du, plag mich nicht und frag mich nicht
        Was wird mit unserm deutschen Land ...

Die Satellitenschüssel holt
Uns Heimat ran von A bis Z
Na dann Gut Nacht: die ESPEDÉ
Geht mit IM NOTAR ins Bett

Mein schmolliget Liebchen zieh keen Jesicht
Warum ick dir liebe, det weeß ick doch nich
Doch wenn wer wie ick dieset Deutschland liebt
Ist klar warum: weil et dich da jibt
    Du, plag mich nicht und frag mich nicht
    Was wird mit unserm deutschen Land
    Ich find auch im Dunkeln dein Gesicht
    Mit meinen fünf Augen an der Hand

La Douce France

Samstag in Banyuls sur mer

1

Die Möwen lachen
Ihrn Klagegesang
Und stehn wie Drachen
Im Wind am Hang
Paar Schwalben ziehn
Im Mittagsblau
'ne Nummer ab
Als Kunstflugschau
Rabatz im Baum
Franzosen-Spatz
Beschimpft 'ne Katz
Die kümmert kaum
Ein Tatter-Mann
Der aber noch
Gut laufen kann
Vom Himmel hoch
In all den Wein
Brennt Sonne süße
Reife rein
Man grüßt – ich grüße:
On parle français
Avec ma femme
Et le bébé
Bonjour, M'sieur-Dame

2

Garçon! Er flitzt
Flott wird serviert
Er flucht und schwitzt
Trägt ab, kassiert
Nee! nich Lasagne!
Écrevisses à la nage
La Tramontane

Kommt in Rage
Am Bouleplatz stehn
Touristen rum
Dismußichsehn
Mann! Det lief dumm
So ein Malheur!
Was für ein Con!
Der Pointeur
Trifft das Cochon
Versaut den Sieg!
Boulisten sind
Schön out, ergraut
Und endlich Kind
Die Blagen spieln
Mit Lust-Gekreisch
Dragueure schieln
Nach Tittenfleisch

3

Die Alten schweigen
Catalan
Jetzt fängt die Feigen-
Zeit bald an
Am grauen Strand
Drei graue Fraun
Die sich am Rand
Ins Tiefe traun
Ein Surfer fliegt
Zur Klippe raus
Ein Köter liegt
Vorm Schlachterhaus
Boulangerie
Macht auf, um drei
Die Galerie
Zeigt Malerei
So 'n Dali-Kitsch

Den ich nicht mag
Milosevic
Sitzt in Den Haag
Die Häuser kauern
Sich am Hang
Uralte Mauern
Fischgestank

4

Mir macht das Wandern
Nich so Spaß
Besuch mit andern
Puig del Mas
Am besten schmeckt
Agua Limon
Marenda-Eck
Bei Louis, Le Bon
Hier ist die Welt
Noch gut und rund
Auch Francs sind Geld
Wein ist gesund
Von hier floh wer
Dem Tode zu
Über den Berg
Bis nach Port Bou
Hell tönt Gebell:
Die Rathausuhr
Das Karussell da
Döst ja nur
Ein Holzpferd lacht
Der Holzschwan singt
Wenn Orgelkrach
Vom Tonband klingt

5

Und jetzt beginnt
In echt: Musik!

Das dralle Kind
Tanzt frech und schick
Es schickt sich nicht
So ganz allein
Zumindest müssen's
Viere sein
Wer kann, der kann
Wenn du es kannst
Mach mit, wenn man
Sardana tanzt
Rechts links, links rechts
Gelassen leicht
Die Flöte krächzt
Schon wächst der Kreis
Es kommen immer
Neue rein
Die Waden schimmern
Bein an Bein
Die Bläser blasen
Wie verrückt
Die alten Hasen
Sind entzückt
6
Oboe quäkt
Trompete bockt
Posaune bläkt
Der Kreistanz lockt
Nicht Pärchen-Schmus
Hier kocht kein Ei
Hier bluest der Blues:
Wir stehn uns bei!
Zusammen sind
Wir stark, ob Mann
Ob Frau, ob Kind
Tanz mit! Faß an

Des Fremden Hand!
Und schreite sacht
Zum Schrittchen wird
Ein Schritt gemacht
Das ist der Cata-
lanen-Jazz
Komm, alter Vaata
Mit zum Platz
In' Reigen rin!
Is gaanich schwer
Am Samstag in
Banyuls sur mer

Les Pyrénées

Das Bergmassiv hält die Wolken fest
Drum spenden sie Wassermassen
Auf ihrem Weg nach Hispania
Erst dann wer'n sie weitergelassen
Die Weinberge sammeln sich Regen ein
Und tränken damit ihre Reben
Und machen für uns dann aus Wasser Wein
– so simpel ist hier das Leben

So simpel, will sagen, so raffiniert:
Die Sonne macht Wein aus Wasser
Für die Clochards in Paris am Boul-Mich
Für Hungerleider und Prasser
Vin Rouge als Ersatz auch für Christi Blut
Für Säufer und maßvolle Trinker
Für Fastfoodfresser und für Gourmets
– egal, ob nun rechter, ob linker

Der Vigneron, der früh um drei beginnt
Im Weinberg, wird nicht ermatten
Wenn dann die Sonne am heißesten brennt
Ruht er sich schön aus im Schatten
Er liefert die Trauben für teuren Wein
Die schlechten fürs primitive
Gesöff – da zählt nur der Literpreis
– in seiner Co-opera-tive

Hält hier das Massiv die Wolken fest
So spenden sie Wassermassen
Auf ihrem Weg nach Hispania
Erst dann wer'n sie weitergelassen
Die Weinberge sammeln sich Regen ein
Und tränken damit ihre Reben
Und machen für uns dann aus Wasser Wein
– so simpel ist hier das Leben

Austern schlampampern

Beim fliegenden Händler hier auf dem marché
Kauf ich die Austern lieber – moins cher dazu
Als im Geschäft. Mich kostet hier das Kilo nur
Acht Mark in Francs – frisch aus Leukate – das geht!
Dimanche und Jeudi ist hier der Wochenmarkt
Egal ob wir im nächsten Jahr mit Euro zahln
Egal, wie tief der Euro dann zum Dollar steht

Mein alter Muschelmann wird ganz bestimmt
Vor dem Peugeot mit Tiefkühlkasten stehn
Kennt seine Kunden, lächelnd wird er lax
Die Fliegen von den Austerkörben scheuchen,
Wenn er den kleinen Deutschen kommen sieht,
Der immer nur les huîtres petites nimmt
Wo Stücker siebzehn auf ein Kilo gehn.

Dann schaufeln seine Baggerpranken mit Geschick
Die Meeresfrüchte in das blankgewetzte Blech
Aufs Zünglein an der Schaukelwaage noch ein Blick
Legt drei dazu, nimmt eine wieder wech
Dann schüttet er die Schale mit den Schalentiern
In eine schon gebrauchte Plastiktüte rein
Wischt sich die Hand am Hemd ab, nimmt den Schein

Geknüllt steckt er den Hunni weg, gibt raus
Und aus Kulanz wird er sich ächzend bücken
'ne Prachtzitrone mir dazu in' Beutel geben
Die braucht es zum Schlampampern mit Entzücken
Denn aufgebrochen solln die Tierchen zittern
Wenn in dem Vötzchen-Schlabber der Limonensaft
Die allerletzte Probe macht, ja: auf mein Leben.

Euro-Penner

Vorm Fischladen Rue St. Pierre-Eck
Steht wieder der Schrumpfgermane da
Mit Bismarck-Bart und Stoppel-Kinn
Jung, gutgenährt und braungebrannt
Halb unterwürfig und halb keck
Hält er sie den Passanten hin
Die kräftige Bettler-Hand

Wenn ich am Morgen mit Baguette
Und geizgesenktem Geb-nix-Blick
Schmalärschig fix am Schnorrgenie
Vorbeischleich, das hier jeder kennt
Dann lächelt er nett und krächzt: Merci!
Merzii! Missjö! Bongschuur Madamm
Mit seinem deutschen Akzent

Mich dünkt: Der dankt womöglich grade
Dafür, daß kein Schwein sich mokiert
Wenn da so 'n Boche als Bettler steht
Franzosen auf den Senkel geht
Ça va – parliert und rum-bonjour-t
Clochard allemand genießt in echt
Die Gnade der späten Geburt

Und wird bald der EURO eingeführt
Den Euro-Penner haben wir schon
Sein Großvater hat noch Befehle geschnarrt
Wer weiß: in Banyuls als Gestapomann
Der Enkel macht nun den Gammlerclown
Verharrt als Germanen-Monument
Das furchtlos beim Erbfeind betteln kann

Heut warf ich ihm dreißig Francs in den Hut
Dem Galgenvogel und Protagonist
Der Völkerfreundschaft, ich finde ihn gut
Je trouve qu'il est bon, dieser Bettel-Mann
Die Grenzen sind auf. Und Frieden ist
Und mich lehrt der Penner: Es richtet zum Glück
Nicht jedes Übel ein' Schaden an

La Rivière Baillary

Im Sommer versiegen die Quelln in den Bergen
Ich hör, wie das Flüßchen nach Wasser schreit
Die Steinscheiben brennen im breiten Flußbett
Ertragen ergeben die Trockenheit

Was geht es mich an – ich leb an der Elbe
Wer weiß: Dieses Dürsten hier ist gar kein Leid
Ich bin nur so hypochondrisch geworden
Solch Fluß kommt von weiter her, ja, von weit

Aus Ur-Ur-Ur-Zeiten, noch vor den Affen
Lang vor dem unstetigen Menschengeschlecht
Vor Goethe und Schiller, vor Hitler und Stalin
Vor Biermann und Büchner, vor Dante und Brecht

Aus tieferen Quelln, hinterm Col de Banyuls quillt
Noch Wasser genug, auch in paar hundert Jahrn
Der Fluß wird ein Fluß sein, mal mit und mal ohne
Das Nasse, wenn längst keine Autos mehr fahrn

Die Erde verwüstet von Dummheit und Waffen
Verdorrt unser vermaledeiter Samen
Und nennt bald den Fluß keine Zunge mehr
– der fließt! braucht weder Wasser noch Namen

Auto-Typen in der Sommersaison

Und wenn der Baillary-Fluß en été
nicht mal eine Handvoll Wasser mehr hat
dann fläzen die Sommergäste sich frech
im Flußbett mit ihren Bräuten aus Blech
Renault und Peugeot und Citroën
Die Reichen in Frankreich treiben es mehr
mit Sexmaschinen aus Stuttgart und
aus München und Wolfsburg: voitures allemandes
Mich freut so ein Gruß aus der Heimat. Der Grund:
ein Rest patriotischer Idiotie
Im Werk seiner Hände ist es präsent hier
Mein Vaterland: Made in Germany
Solide, die deutsche Wertarbeit, und
Das deutsche Wesen wird evident hier
Volkswagen – Mercedes – BMW
Und wenn der Baillary-Fluß en été
nicht mal eine Handvoll Wasser mehr hat
Dann merk ich, wie deutsch auch der Biermann ist
Ja, peinlich! weil es mich so spießig freut
Wenn ich hier kaum Deutsche seh

Poète-chanteur de jadis

Die rue Saint Sébastien führt direkt
Zum Wochenmarkt in Banyuls, ein Magnet
Ist dieser Marché, wenn hier alle Welt
Flanieren und dabei schön einkaufen geht

Und wer auf den Markt will, der kommt vorbei
Am alten Renard dort, am Straßenrand
Er hat seine Radkiste bunt bemalt
Monsieur ist kein Bettler, er ist ein Vagant

Ein Künstler! mit frühem Karriereknick
Renard ist ein abgebrochnes Genie
Blieb unvollendet. So wie man sagt:
Ach! kluge Kinder sterben früh

Ihm hängt von den Schultern ein Galgen vorm Bauch
Dran zappelt ein Jüngling, da hat sich Renard
Als Marionette selbst nachgebaut
Singt mit, ohne Töne, wenn unter dem Bart

Am Lederscharnier sich sein Kunstmund bewegt
An Fingerfäden gezogen, exakt
Geschuckelt im Rhythmus. Die Puppe da singt
Und spielt ihre Quetschkommode im Takt

Doch das Chanson kommt vom Tonband, es ist
Sein eigenes Lied über Liebe und Frust
Er trägt ein gemaltes Schild um den Hals
Da steht schwarz auf weiß vor des Barden Brust:

»Renard! Ich bin es! Ich! weltberühmt:
Ich spielte einstmals den Gavroche, und zwar
Mit Jean Gabin in sei'm letzten Film
Da sang ich dies Lied als der kommende Star

Mich schlug das Schicksal nach diesem Triumph
Als poète chanteur – warum? wieso?
Das wissen die Götter. Mein Haar wird grau
Doch hab ich noch immer mein Tremolo!«

Und vor den Füßen des Künstlers spricht
Sein Hut auf dem Pflaster: Nicht blauer Dunst
Wird hier gemacht, ich kassiere hier nur
Die niedrige Gage für hohe Kunst

Er ist kein Clochard und kein quémandeur
Wir betteln hier um Almosen nicht
Renard liebt das Leben, trinkt Rotwein wie ihr
Säuft nie Coca-Cola aus Dosen nicht.

Da schwankte ein mittlerer Euroschein
In den leeren Hut vor dem Sonderling
Mein Bußgeld! Warum? Ich selbst bin Renard!
Wenn ich im Konzert meine Oldies sing

Mediterrane Badewanne

Als ich einst zur Klampfe als Kinderreimschmied
In Ostberlin für meine Blagen das Lied
    Vom netten fetten Vater sang
Der sonntags den Ofen heizt für das Bad
Damit er schön saubere Kinder hat
    Und der in der Wanne sein Weib dann verschlang

Ein deutscher Mann, der Menschenfleisch fraß
Und satt dann als Hai in dem Blutbad saß
    Wie einstmals in Griechenland, als Offizier
Der Wehrmacht. Wenn ich solche Witzchen riß
Dann war mir im Osten die Wahrheit gewiß
    nicht klar. Nun schwant mir beim Baden hier

Dies Mittelmeer ist im wahrhaftigen Sinn
'ne Badewanne, Gott selbst liegt da drin
    Der Abfluß im Westen, das ist Gibraltar
Die Insel Malta war einstmals der Pfropf
In Israel blutet Gottvaters Kopf
    Und seine Wunde ist unheilbar

Viel schlimmer als Ölpest, Seevögel im Teer
Verschmutzt all das Blut unser Mittelmeer
    Am Kopfende fließt Gottes Menschenblut
Und wir an der Côte Vermeille merken dies
Noch nicht, hier im westlichen Paradies
    Und baden längst im nahöstlichen Sud

Rouge Catalan

In der Arena glänzt er nach dem Tanz
Der ausgelaufne Lebenssaft im Tod
Des Kampfstiers auf dem festgestampften Sand
So dunkel ist das Catalanen-Rot

Mit dieser Farbe streichen wir die Tür
Ungläubig hoffend, daß es was bezweckt:
Ein Zeichen soll es sein dem Freund: Komm rein!
Und Zauberzeichen, das die Feinde schreckt

Religionsdisput in Carcassonne

Wie Schlachtvieh nackt! Katharer-Männer
Katharer-Weiber, von einer Kolonne
Soldaten des Papstes getrieben zum Tor
Raus aus der Stadt Carcassonne
Sie wehrten sich nicht, sie jammerten nicht
Sie bettelten nicht um ihr Leben
Herr Jesus war ihre Zuversicht
So starben sie gottergeben

Sie waren Ketzer, lang, lange bevor
Der Mönch Martin Luther paar Thesen
In Deutschland an eine Kirchtür schlug
Katharer sind es gewesen
In Okzitanien, hier! Languedoc
Sie wollten zurück zu den Quellen
Der unverdorbenen Gläubigkeit
Urchristlich verbohrte Rebellen

Sie waren der festen Meinung, daß
Die Welt von Anfang an schlecht sei
Nicht Gottes Werk, nein: vom Teufel gemacht!
Und daß es grad drum unser Recht sei
Und Christenpflicht, diese Welt zu bessern
Statt heucheln, statt morden und prassen
Sie predigten Nächstenliebe und nicht
Katholisch satanisches Hassen

Da schickte die römische Obrigkeit
Die Söldner mit blutigen Eisen
Sie sollten im Religionsdisput
Die christliche Wahrheit beweisen
Mit Schwertern – ein schlagendes Argument –
Bewiesen sie mit jedem Hiebe
Die Welt ist gut! nicht vom Teufel, sie ist
Gemacht von dem Herrgott der Liebe!

Ich kenn diese Chose modern profan
Auch Stalin ließ Tote tanzen
Für uns kleine Menschen lohnte sich nie
So Liebe zur Menschheit im Ganzen
Das ist das katharische Sterbelied:
Viel Nackte von einer Kolonne
Soldaten getrieben zum Tore hinaus
Raus aus der Stadt Carcassonne

Església Catedral Basilica de Santa Maria

(für Pamela, und wieder)

Die Stadt döst vor sich hin, Siesta, keine Menschenseele
Die Mittagssonne grillt den Platz, wir flohen lichtumflutet
Die Stufen hoch. Die schwere Türe knarrte auf. Schnell rein
Verloren haben wir da nichts zu suchen nichts zu finden
    nebbich – soll sein!

Gottlos gebenedeit stehn wir in der Basilika
Getaucht ins Dunkel, mittelalterliche Moderdünste
Und das traf wie ein Blitz – von innen schlug er in mich ein
Daß menschgemachte Finsternis dermaßen blenden kann!
    nebbich – soll sein!

Die Augen lernten bald die Nacht am Tag, sahn wieder durch
Der Papst liegt aus, als bunter Flyer, nah am Opferstock
'ne Neige Wasser spiegelt matt das Schwarz im Schüsselstein
Vom Tonband plätschert Evangelisches von Meister Bach
    nebbich – soll sein!

Die Kathedrale in Girona ist geweiht der Mame
Des Juden, dessen Leib genossen wird als Hostie
Im Land der Trauben trinkt man Christi Blut als roten Wein
Doch mir schmeckt keines Menschen Leib, noch eines
                           Gottes Blut
    nebbich – soll sein!

Ich sah dein Antlitz schimmern da in dieser Düsternis
Und weiß nicht mal warum, mein Lieb, du sahst mir traurig aus
Die Mutter mit dem Kind in Gold und Blau mit Heil'genschein
Sah blind auf uns herab, wir haben keinen Lieben Gott
    nebbich – soll sein!

Ich neide jedem Gläubigen sein frommes Steinefressen
Mir fehlt die Kraft zum Schwachsein, kann mich nicht so
                           unterwerfen
Mag sein, daß grade das mich lockt in solch ein Gotteshaus
Im Mutterschoß der Kirche müsste ich mich selbst vergessen
    – drum, nebbich, ging ich raus

Romanze auf der Rambla

Auf der Rambla mit dem Namen
FREIHEIT und das wird geschrieben
Llibertat – gut catalanisch
Und nicht etwa castillan, denn
Diese Rambla führt zum Riu
Onyar, und das bedeutet:
Wir flanieren auf 'ner Rambla
In der schönen Stadt Girona

Und ich war grad auf dem Wege
Zum El Call, dem Judenghetto
Da ging eine dunkle Dame
Grade Gassi mit 'nem Pudel
Und der Hund an ihrer Leine
War ein rabenschwarzer Pudel
Und so schwarz wie dieser Pudel
War auch seine Hundeleine

Ja, es war 'ne dunkle Lady
Schwarz ihr Outfit, schwarz die Haare
Schwarze Bluse, schwarze Hosen
Schuhe schwarz, und ihre Lippen
Nobel bleich, warn schwarz umrissen
Ihre schicke Ledertasche
Lässig elegant geschlenkert
War gemacht aus schwarzem Leder

Ja, sogar die Sonnenbrille
Paßte – und ich hätte gerne
Ihr in ihre schwarzen Augen
Einen Seelenkuß gegeben
Und so schlenderte die Schöne
Weiter runter zu dem Flusse
Wo er fließt, hart abgedeckelt
Von der Placa Catalunya

Der Weinbauer André Estrela

Der Zähnebläker im Wohnzimmerloch
Ist weg vom Fenster, tot ist der Greis
Jetzt endlich nach seinem Ende weiß
Ich auch seinen vollen Namen. Schon roch

Es diesen Sommer nach Sterben hier, in
Der steilen Rue Aristide Maillol
Sein Fenster blieb plötzlich geheimnisvoll
Geschlossen. Die letzten drei Jahre bin

Ich paarmal vorbeigekommen am Tag
Und hab ihn gegrüßt mit Lächelblick:
Bonjour, Monsieur! – Er grüßte zurück
Und bläkte die Zähne dazu. Er lag

Im Fenster wie Petrus am Himmelstor, wie
Vorm Eingang der Hölle der Cerberus
Kassierte sein' Seelen-Obolus
Wie Wegzoll bis paar Tage vor finis

Sein Fenster, die Haustür steht nun wieder auf
Er selber schwarzweiß da als Photographie
'ne Pappe gehört zu der Zeremonie
AYEZ UNE PENSÉE POUR LUI, steht drauf

Die Schwiegertochter sitzt da, sein Sohn
Empfangen Besuch dort, gedenken sein
Die Nachbarn, sie tragen sich alle ein
Ins Kondolenzbuch. Die Profession

Des Zähnebläkers, auch die weiß ich nun
Ich fragte wie 'n Fatzke vom Feuilleton
Die Frau sagte: Was schon, er war Vigneron
Was soll man in diesem Banyuls sonst tun!

Mein Vater tat, was halt ein Mann hier tut
Er machte dasselbe wie andere hier
Doch er, Monsieur, hatte 'ne tolle Manier
Sein Wein, alors! war ganz besonders gut

So stapfte ich hoch, in die rue Danton
Und wußte: Was Höheres gibt es nicht
Daß einer nach deinem Tode spricht
Er machte es toll! Er lebte dafür
                        – und wir lebten davon.

Mythos modern

Es hat einst die griechische Göttin der Nacht
Zwillingssöhne zur Welt gebracht:
Den grimmigen Tanathos, das ist der Tod
Den freundlichen Hypnos, das ist der Schlaf
Sie bissen und küßten zum Zeitvertreib
Schon einer den andern im Mutterleib
Die beiden Jünglinge lieben sich
Und hassen einander herzinniglich
Um ihre Klienten gab's manchmal Streit
Doch wird es ernst, stehn sich beide zur Seit
Sie sind ja unsterblich – das Leben ein Scherz
Sie spielen sich lachend die Kundschaft zu
Der Schlaf sagt seinem Bruderherz
Ich fang schon mal an, und dann kommst du!

Ich kenne die Zwillingsbrüder, jedoch
Ganz ohne den alten Götterklimbim
Sie haben der Mode sich angepaßt
Gestylt auf Menschheitsretter: schlimm!
Mal rechtsradikal – mal linksradikal
Sanft totalitär – brutal liberal
Verkleiden sich gerne als geile Fraun
Als Guru, als Manager, als General
Als Trashman und Model manchesmal
Als Großer Diktator und Fernsehclown
Und dabei weiß ich: Tod kann wohl
Wie auch der Schlaf 'ne Zuflucht sein:
Ein toter Freiheitskämpfer muß
Ja nie mehr in der Folter schrein

Der Schlaf ist ein kurzer Tod – der Tod
Ein langer Schlaf. In Saus und Braus
Verplempern sie unser Leben. Und wie
Der eine heißt, sieht der andere aus
Mir sind diese Brüder beide suspekt
Ich hasse den Tod. In Hammerbrook
Im Feuersturm hat er das Kind geschreckt
Klar, Schlaf ist besser, doch der betrog
Um Nächte mich! Und er liefert mich aus
All meinen Feinden. Herr Hypnos haust
Am Lethefluß, wo er am Mohnsaft leckt
Ein Penner, von Rauschgift zerfressen
Schluckt Flußwasser. Was mir gar nicht schmeckt:
Er trinkt dort das große Vergessen

Frau Tod

Der Tod, mein liebster Lukas, ist ein Knochenmann
Ein männliches Skelett, genannt: Gevatter Tod
Bei Heinrich Heine noch, hieß unser Tod Freund Hein
Im Luther-Deutsch ist er ein Bauer: Sensenmann
Drum sang das Volk: Es ist ein Schnitter, der heißt Tod
In unsrer Muttersprache muß Tod männlich sein

In France hier ist der Tod 'ne Frau, man sagt: la mort
Auf englisch, weißt du selber, ist der Tod ein »He«
Frau Tod wär 'ne Emanze, es gibt die Todin nicht
Ein Tod mit Titten wär uns Blödel-Poesie
Freund Hein mit Lippenstift wär was für'n Spottgedicht
Oder von Tomi Ungerer, dem Strich-Genie

Warum? Ich weiß nicht mal, wer das verklaren kann
Vielleicht ist Tod nur einfach Tod, nicht Frau noch Mann

Hommage à Georges Brassens

In Sète, da wurde Brassens geborn
Und liegt auch begraben in Sète
Kein' Rotwein, er trinkt das Vergessen nun
In der Unterwelt aus dem Strom Lethe

Vergessen will er die Katzen und
Die Fraun und das Pfeiferauchen
Vergessen, was tote Dichter zum Glück
Im Totenreich nie mehr brauchen

Er selber jedoch, le poète-chanteur
Wird niemals vergessen sein
Ich trinke seine Chansons so gern
Wie starken französischen Wein

Camille Desmoulins, Camille Desmoulins

Das haste dir wohl nie träumen lassen
Daß Dir mal 'ne Straße gehört, auf der
Mehr Autos fahren hier in Banyuls
Als auf der kleineren rue Robespierre

Das hat er davon, dieser Menschenfresser
Der Tugendwächter und Advokat
Das kommt davon, wenn man Blutsäufer ist
Tja! das ist der Fluch seiner bösen Tat

Ihr habt ihm in diesem Theaterstück
Der Weltgeschichte im tragischen Stil
Die Schau geklaut, George Danton und du
Und er gibt den Schurken in diesem Spiel

Dabei ist es wahr: Im Wohlfahrtsausschuß
Da habt ja auch ihr Blut wie Wein gesoffen
Und eure Septembermorde, da hat
Es schuldlose Menschen en masse getroffen

Doch als Robespierre euch zur Guillotine
Geschickt hat, auf's schmierige Blutgerüst
Da hast du Danton nochmal innig umarmt
Und brüderlich habt ihr euch dann geküßt

Die starke Szene wird oft kolportiert
Und rührt sogar Rezensenten wie mich
Doch wie Robespierre dann zu Tode kam
Drei Monate nach euch, war schauerlich

Der Tugendschlächter hat bis zum Schafott
Sein' letzten Gang dann allein gehen müssen
Er hatte da keinen mehr, der ihn umarmt
Auch hatte er gar keinen Mund mehr zum Küssen

Ein Säbelhieb schlug ihm die Kinnlade weg
(Bei seiner Verhaftung, pardon, das passiert)
So wurde dem Schlächter im Weltgericht
Vom Pöbel die letzte Rechnung quittiert

Camille Desmoulins, Camille Desmoulins
Wir feiern heute den Sturz der Bastille
Am 14. Juli – avec les garçons
Avec ma femme et Mollie, ma fille

Das haste dir wohl nie träumen lassen
Daß dir mal 'ne Straße gehört, auf der
Mehr Autos fahren hier in Banyuls
Als auf der mickrigen rue Robespierre

Im Jahre 1793

Und als der König von Spanien
Die Königsmörder fern in Paris
Im ersten Schreck abstrafen wollte
Die rebellischen Ohnehosen
Da schickte er seine Soldaten los
Nach Norden über die Pyrenäen
In das Land der frechen Franzosen
Bloß als seine Jungs auf dem Weg dorthin
Den Col de Banyuls passieren wollten
Da haben Männer: Citoyens de Banyuls
Weinbauern und Fischer, auch Fraun
Mit Espadrillos an ihren Füßen
Und Vorderladern in ihren Händen
Die Spanier tapfer zurückgehaun
    – pourquoi wieso weshalb warum?
    mensch, nur aus Daffke: einfach drum!

Die Grande Nation hat die Heldentat
Genau hundert Jahre später
Gewürdigt mit einem Obelisk
Das Patriotum steht heute noch
Erinnert an diese Abwehrschlacht
Fürs ungeliebte Stiefvaterland
Die catalanischen Leute noch.
Paul Reig, Bürgermeister von Banyuls
Dilettierte damals als General
Dafür ist der Platz heut nach ihm benannt
Da weht Bleu-Blanc-Rouge eine Fahne
Im Nordwind, wenn eine Copla spielt
Tanzt alt und jung nicht français, merde alors!
Man tanzt catalan: die Sardana
    – pourquoi wieso weshalb warum?
    mensch, nur aus Daffke: einfach drum!

Eifersucht

Was maulst du mit mir und machst dich fremd
Wie 'n Edelstein bist du versteinert
Ich fühl es: Dein großes Herz in der Brust
Ist schon um die Hälfte verkleinert

Geschrumpft! Ich hab bloß Sardana getanzt
Mit lauter fröhlichen Leuten
Und daß mir dies Weib an die Seite sprang
Das hat doch nix zu bedeuten

Der Schrecken hat dich noch hübscher gemacht
Ich weiß nicht Adresse noch Name
Mein Liebchen, ich hab nichts mit der! und will
Auch nichts von der feinen Dame

Das kenn ich von mir. Is'n Standard-Befund:
Die Eifersucht sucht ihn – und braucht gar kein' Grund

Mädchengesang

Zur Sardana brauche ich keine Worte
    und kein Wort könnte ich jemals sagen
Ach, wieviel lieber ich schweige! mich
    anschmiege an deinen dunklen Rücken
Ruhen mit dir in einem schmalen Bett
    als tanzen hier im Kreise der Hüpfer
So einsam bin ich auf der windigen Placa
    mit all diesen lahmen alten Leuten

Es schwanken über den Boden die Tänzer
    sogar ein paar tramplige Damen
Mit der Leichtigkeit der Flöte Fabiol
    paar graue Messieurs mit Pomade im Haar
Plump füßeln sie im Sardana-Takt
    doch schwer wie Blei sind die Espadrillos
An meinen Füßen, die lieber als tanzen
    laufen wolln, Liebster, barfuß zu dir

Fête Catalan

Der junge Klempner tanzt heute den Hahn
    was gibt es da neidhammeldämlich zu spotten!
    wie Federn wippen die Volkstanzklamotten
Die Harlekin-Haut à la Castillan

Die Neue, die Hübsche ... von wegen verknallt
    das kam so! Sie wurde ihm zugeteilt
    sie kommt aus Collioure, das hat er gepeilt
Kein Mensch kann behaupten, er hätt sie gekrallt

Ihm wird im Kostüm beim Tanzen so heiß
    er hüpft seine fünf eingeübten Figuren
    sie ist keine von den verkappten Huren
Er macht ihr den Gockel und dreht sich im Kreis

Ich könnte ihr, denkt er, was soll schon passiern
    wer wird sich da groß das Maul zerreißen
    mal irgendwas löten, oder auch schweißen
Umsonst mal 'ne Mischbatterie installiern

Steineditschen

Das Beste an Banyuls? Die Steinchen: glattgereift
Der grise Bergeschotter auf dem Badestrand
Vom Meer seit Ewigkeiten meisterhaft geschleift
Hier findest du ihn nicht, den weißen Badesand

Hier gibt's für Badegäste keinen Sandburgbau
Hier kann man nicht den flüchtigen Besitz markiern
Der Mensch hier sonnt sich auf dem affenheißen Grau
Und muß sich nicht mit Platzerobern echauffiern

Für viele wär so 'n Strand ein schlechter Urlaubswitz
Zum Ditschen aber sind die Steine ideal
Ich schmeiß wie 'n Junger um die Wette mit den Kids
Wenn keine Welln sind, schaff ich fünf-, sechs-, siebenmal

Für wirklich Reiche, wirklich Arme ist so 'n Strand
Nicht gut genug. Is mehr was für den Mittelstand

Sardana für die Sardinen

Um der Sardine die Gedärme
    aus ihrem schlanken Leib zu reißen,
        braucht ja der Mensch kein Messer nicht

Brich ihr den Kopf nach hinten weg
    übers Genick und ziehe dann
        die festgewachsnen Eingeweide

Gefühlvoll aus dem Silber raus
    damit der ekle Schmodder sich
        nicht gallenblasenbitterlich

Ergießt. Sardine braucht kein Öl
    auf deinem Grill, das Fett ist schon
        im Fleisch mit drin, tropft in die Glut

Paar Prisen Salz und Rosmarin
    zerbröselt fein mit Händereiben
        und ausgestreut erst überm Feuer

So ist der Arme-Leute-Fisch
    von Gott erschaffen, und von uns
        vollendet für die Fresserei

Und wenn wir satt sind, tanzen wir
    Sardana, denn all die Sardinen
        die nun schon schön im Weißwein schwimmen

Vermischt mit Nußbrot und Oliven
    Solln uns den kleinen Mord vergeben
        In meinem Bauch: Hoch solln sie leben!

Westöstliches Liebespaar

Wir schliefen im Tausend-Sterne-Hotel
Die Nacht unter freiem Himmel
Ich streichelte sie gemach in den Schlaf
Genoß auch das Sternengewimmel
Und kniff meine Augen zusammen und sah
Das Siebengestirn schärfer schimmern
Sah schräg über uns, hoch im Orion
Den Beteigeuze flimmern

Und dachte: Das Weltall ist nirgendwo groß
Wie hier an der Côte Vermeille
Ein angefressener Mond schwamm los
Zum Weinberg am Cap de l'Abeille
Kein Windhauch, die Bucht lag ruhig da
Die Milchstraße floß in Mäandern
Im Großen Wagen, da! plötzlich ein Licht
Sah ich durch die Sternbilder wandern

Ein Sputnik! Wach auf!! für uns! für dich!
So schreckte ich aus dem Schlummer
Die Schöne, und ärgerte mich über mich
Mann, was für 'ne dämliche Nummer!
Sie war nun putzmunter und schmollte halb:
Mein herzallerliebster Nudnik!
Du bist und du bleibst doch ein Ostmensch, weil
Im Westen hier sagt man nicht Sputnik!

Mein Lieber, ich hab grad so schön geträumt
Hör zu, sonst vergess ich es wieder
Ich hörte dich singen – so schön wie noch nie
Für mich: Neue Liebeslieder!
Dann schlief ich wohl ein, und sie lag wach
Mit mir unterm Sternengewimmel
In unserem Tausend-Sterne-Hotel
Die Nacht unter freiem Himmel

Zeitdilatation rückwärts in Prosa verdichtet

Wär jeder Hund, jeder Floh, jeder Mensch, und wären
Die Möwen, die Mauersegler hier unter den Himmeln
von Banyuls im Tal über den trockengelegten Sümpfen
wär jeder Flic, jeder Weinbauer, wär jeder Sommergast
und wärn die Dorade Royal, Sardinen im Golf du Lion
und wär jeder Wurm, jedes lebende Wesen ein Teilchen
das sich mit Lichtgeschwindigkeit durch endlose Räume
bewegt, und wär meine Vaterstadt, hoch oben im Norden
ein Punkt im System sich bewegender Muttermilchstraßen
ein eigenes Inertialsystem im Sinne von Albert Einsteins
spezieller Relativitätstheorie, na, dann brauchte ich nicht
die buddhistische Illusion der Reinkarnation, dann könnte
ich's erleben, in echt! hier unten im lieblichen Roussillon
wie Walther von der Vogelweide mit mir in der rue Danton
vor der Glotze sitzt und sieht-hört die coolen Titel vom
genialen Jazz-Teufel Art Tatum: Stompin' At The Savoy
Mit Martin Luther würde ich gern über den Atlantik fliegen
nach Atlanta zum Bombasten-Grab von Martin Luther King
Im Schlafwagen mit Hölderlin von Bordeaux die Strecke
die er so elend zu Fuß ging bis an den Main in Frankfurt
Sein »Doch nimmer vergess ich dich, so fern ich wandre,
schöner Main ...« möcht ich dann singen, am Eisernen Steg
Das Tollste: Ich könnte dem Meister Bach die Tonkonserve
aus Lautsprecherboxen herabdonnern lassen: Seine Passion
des Matthäus mit Chören links rechts in Stereo, wenn's heißt:
Seht! – Wohin? – Auf unsre Schuld ... auf unsre Schuld!
Und starrte in seine kaputten Augen unter gepuderter Perücke
und könnte erkennen sein Gesicht erbebend, wenn es erlebt
wie's klingt im CD-Himmel, wenn Engelschöre musizieren
In solchen Höllen, würde ich lachend sagen: O göttlicher
ewiger Meister, in solch himmlischen Höllen leben wir hin.

Im Languedoc

Mit klingendem Holzschwert hab ich den Drachen
Im Osten bekämpft, oft auch Esel gekämmt
Mein Wolfsgeheul heulte ich nie ohne Lachen
Oft saß ich im Schnee ohne Hose und Hemd
Ich wollt mich verdrücken und doch widerstehen
Ins Mauseloch kroch ich am Müggelsee
Beim Einmarsch der Warschauer-Pakt-Armeen
Da dacht ich: Mein Leben, jetzt isses passé
   Ich hab große Lust, mich mal auszuruhn
      im Languedoc in den Tag zu leben
         Die Menschheit erretten ist sicherlich
            ein Haschen nach Wind und ein eitler Wahn
   Doch gar nix mehr tun
      und klein beizugeben
         ist leichter für mich
            gesagt als getan

Dann schlugen die Welln über mir zusammen
Der preußische Ikarus war durch 'n Wind
Ich holte mir Beulen im Westen und Schrammen
Und wurde nur mühsam ein Weltenkind
Mir fehlten wie Freunde die Feinde, die echten
Herrn Honecker linken war einfacher als
Mit alter-naivelnden Westlinken rechten
IMs hatt ich dann auch in Hamburg am Hals
   Ich hab große Lust, mich mal auszuruhn
      im Languedoc in den Tag zu leben
         Die Menschheit erretten ist sicherlich
            ein Haschen nach Wind und ein eitler Wahn
   Doch gar nix mehr tun
      und klein beizugeben
         ist leichter für mich
            gesagt als getan

Mir wird bei dem Streit um die Akten kotzübel
Geschichtslügner haben nun doch 's letzte Wort
Verschlossen hat Kohl mit sei'm Hintern den Kübel
Voll DDR-Unrecht, voll Willkür und Mord
Den Opfern geht's elend – die Täter frohlocken
Die Göttin der Freiheit verhüllt ihr Gesicht
Frau Wahrheit macht sich tief enttäuscht auf die Socken
Verwelkt ist ihr Kränzchen Vergiß-mein-nicht!
   Ich hab große Lust, mich mal auszuruhn
      im Languedoc in den Tag zu leben
         Die Menschheit erretten ist sicherlich
            ein Haschen nach Wind und ein eitler Wahn
   Doch gar nix mehr tun
      und klein beizugeben
         ist leichter für mich
            gesagt als getan

Ich hab unsre Feinde im Freiheitskrieg immer
Verspottet, zersungen mit Liebe und Haß
Dabei quält Freund Amor mich stärker und schlimmer
Je älter ich werde, doch das macht mir Spaß
Im schönen Banyuls wachsen göttliche Weine
Bloß Brot backt man besser in Deutschland dafür
Die Weisheit des Alters – pardon, ich brauch keine:
Ich schaff es auch so durch die letzte Tür
      Bald komm ich bestimmt in den Himmel rinn
         die Hölle erleb ich ja hier, schon auf Erden
           So 'n Leben als Engel wird sicherlich
               auch Haschen nach Wind und ein eitler Wahn
   Doch gar nix mehr tun
      ein Englein zu werden
         ist leichter für mich
            gesagt als getan

Ich werde als Engel dann Hölle und Himmel
Bewegen, bis endlich der Erzfaulpelz Gott
Sich nicht mehr besäuft an dem Glöckchengebimmel
Komm, Alter! zur Arbeit und endlich zu Pott!
Wie kann man schon nach einer einzigen Woche
Die Brocken hinschmeißen! Wie asozial!
Lebendiges Leben bleibt immer Maloche
Los! mach deine Schöpfung gefälligst noch mal!
     Dann haste auch Grund, dich mal auszuruhn
         im Languedoc in den Tag zu leben
            Die Menschheit erretten bleibt sicherlich
               ein Haschen nach Wind und ein eitler Wahn
     Doch gar nix mehr tun
         und klein beizugeben
            das gilt auch für dich, Gott:
               Es steht uns nicht an

Uralte Kulturlandschaft

Berlin tut mir weh und Hamburg auch
Ich kenne dort jeden Hundestein
Dort bin ich als Fremdling wohlvertraut
Dort lauern die Seelenzipperlein
An jeder Ecke springen mich ja
Tollwütige Freunde wie Feinde an
Dort zieht meine Drachentöter-Show
Mich selbst pathetisch in ihren Bann

Drum liebe ich jeden Stein in Banyuls
Und jeden Fels, jeden Weinberg hier
Sie lächeln, wenn ich vorübergeh
Sie kennen mich nicht und verklaren mir:
Ein Mensch bist du, und das heißt: ein Nichts
Hier gibt es nicht solche Wichtigkeiten
Wir sahen so manchen kommen und gehn
Lang, lange schon vor den Römerzeiten

Die Römer kamen zu Land und zu Wasser
Die Griechen von Osten, Iberer von Süden
Auch Hannibal kam hier vor kurzem vorbei
Mit all seinen hundert mal tausend rüden
Soldaten aus vieler Herren Länder
Davon an die neunmal tausend Reiter
Mit siebenmal tausend Kriegselefanten
Zog er durch Le Perthus nach Afrika weiter

Von dort kamen Mauren, die hat König Chlodwig
Hier gleich ums Eck in Poitiers geschlagen
Und ob's Karl Martell war, ist nicht so wichtig
Das können dir kluge Historiker sagen
Hier muß keiner groß den Helden markiern
Hier brauchst du vor niemand erschreckt sein
Natürlich, die Karte im Supermarché
Mit der du bezahlst, muß gedeckt sein

Mal abgesehn von Liebe

Mal abgesehn von Liebe (en français: à part)
Mein Weib, es ist doch – entre nous – 'ne andre Art
Von Faire l'amour als in den kurzen Ewigkeiten
Da ich noch wüst und jung war, etwa: bis grad eben
Wenn wir einander selig nehmen, was wir geben
Und stempelst du mir einen Knutschfleck an den Hals
Dann ist solch ein Besitzergreifen geiler als
Manch Eskapade in den Flitterzitterzeiten

Die Früchtchen (unsre!) tummeln sich am Badestrand
Und stehn geduldig Schlange, Taschengeld in Hand
Und kaufen Tüte Churros sich mit Puderzucker
Und du kommst rein ins Zimmer mit rein gar nix an
Und deine Augen lächeln frech: Na, willste, Mann?
Ich will! Jedoch kein Will kann immerzu. Allein
Nun lockst du mich so luderlieblich in dich rein
Da steht mein Mann sein' Mann. Bin kein Viagra-Schlucker

Ich weiß inzwischen Wie Wann Wo, kenn deine Stelln
Spür unsre Lust aufsteigen, die vertrauten Welln
Doch was ich denke, während wir der Liebe pflegen
Ist anders, seit mein Leib sich wichtig macht mit Schwäche
Es ist, als ob ich manchmal unsre Ehe breche
Schwul mit dem Tod, der mir versteckte Zeichen schickt
Grad wo sein Kandidat im Ehekasten liegt.
Zeig dein Gesicht
     schnell! Laß dich
          aufn Rücken legen!

Pedro Soler oder das Leben im Weinberg

Licht Licht flirrt heiß über Rebstöcke hin
Schreit trocken! trocken! trocken! die Krume
Und jeder Brocken, geschichtete Scheibe
Die Steine stöhnen. Und drüber hin
Der catalanische Wind: La Tramontane

Drei Tropfen Wasser das Leben. Ein Lächeln
Im Schweiße müht durch die Reihn sich den Hang hoch:
Die junge Frau, ah! da ... gebeugt ihr Rücken
Der weite Rock überm Hintern. Der weiß
Von begehrlichen Blicken. Die Wurzelhände
Des alten Manns tanzen ohne Hast ohne Rast

Im Weinberg drei Tropfen Wasser das Leben
Ein Kanten Brot ist das Leben im Weinberg
Die sanfte Schlucht kerbt sich talwärts, wie 'n Bach
Schießt satteres Grün nun den Hang da herab
Und das! ist das Feuchte, das Leben im Weinberg
Der nackte Fels da tränkt still seine Feigen
Den Mandelbaum findet mein irrendes Auge
Den wilden Kirschbaum schon halb zerwohnt
Termiten! und trägt doch wie nichts seine sauren
Im knalligen Rot, seine Kostbarkeiten
Und abgeschüttelt hat schon die Kastanie
Die Seeigel. Blau lebt das Veilchen, das wilde
Vom Überfluß. Und zum Überfluß schimmert
Ein Rinnsal, da bersten die Tropfen, zwei Hände
Voll kühlklarem Wasser. Das ist sie, die nie
Versiegende Quelle in diesen Trockenheiten!
Und das! ist Flamenco. Doch nicht dieser schwere
Vin Rouge, wie ihn hier die Sonne ausbrütet
Ist anders! Die Feigen, die Veilchen, die Kirschen
Was andres sind die Oliven. Der weibliche Hintern
Ist auch kein Flamenco. Schon gar nicht der Nordwind
Wenn er mit den steifen, kalten Pfoten auf der russischen

Gitarre, das sind sieben dicke Saiten
(Hochspannungsleitung zweckentfremdet!)
Arpeccios rammelt. Und nicht ist Flamenco
Der stinkende Ton im Sturm, zwischen Barcelona
Und Perpignan! Das ist kein Flamenco
Und auch nicht die Wichserein, die brillanten
Der fliegenden Finger für taube Touristen

O nein, da wo Durst ist und Schatten, da blüht er
Und trunken vom heilignüchternen Wasser
Da! klagt er: Quand tu perds la tramontane
Es sind die paar Tropfen Leben im Felsen
Flamenco quillt aus den guten Händen
Von Pedro. Mein Freund. Noch in Wladiwostok
Vor Hitzköpfen in Sibirien spielt er
Vor Fischköpfen in der Musikhalle Hamburg
In vollgefressene Ohren füttert er Töne
Im Quartier Latin, rive gauche, in Paris
In Wien vor Caféhaus-Literathleten
Drei Tropfen Wasser das Leben im Weinberg
Im Weinberg das Leben: der Cante Jondo
Flamenco – das ist er, der spanische Blues.

La rue Richelieu

Monsieur et Madame Marti, unsre Nachbarn
Ihr Haus gehört schon zur rue Richelieu
Ob beide wohl ahnen, daß der daran schuld war?
Von dem Kardinal stammt die Schnapsidee:
Ein mächtiger Staat braucht natürliche Grenzen!
Und geht es nicht anders, dann gehts mit Gewalt
So hat Sonnenkönig Le Roi Louis Quatorze
Sich damals das Roussillon hier gekrallt

Les Pyrénées als natürliche Grenze
So wurde im Handstreich der Catalan
Im nördlichen Catalunia
Franzos: ein französischer Untertan
Im Süden gerieten die Katalanen
Ins kastilianische Königsjoch
Warum das heut überhaupt noch wen kümmert?
Mir machts überhaupt keinen Kummer. Jedoch

Damals für Madame war der leidige Limes
Die Rettung im Spanischen Bürgerkrieg
Da war sie grad sieben und floh mit der Mama
Vor General Franco, nach dessen Sieg
Da rannte sie barfuß den Schmugglerpfad übers
Gebirge, blieb hängen in dieser Region
Und blieb später hängen am stärksten und schönsten
Freiwilligen aus der Fremdenlegion

Und das ist Monsieur! Er kann ein paar Brocken
Allemand, das lernte er damals zack-zack!
In Indochina von ehemals Hitlers
Soldaten, SS und Gestapo-Pack
Aus seinem Garten brachte er heute
'ne Plastiktüte voll Pfirsiche an
Die sind viel reifer, sind saftig und süßer
Als ich sie hier irgendwo kaufen kann

Mielke war es, der kämpfte

kämpfte im Spanischen Bürgerkrieg
kämpfte – aber nicht an der Front
gegen die Soldaten des Faschisten
Putsch-General Francesco Franco
sondern hinter der Front fing er,
folterte Erich Mielke im Auftrag
(Kommunistische Internationale,
die Befehle kamen aus Moskau)
schlachtete auf Befehl der Komintern
in den spanischen Gefängnissen
seine andersdenkenden Genossen,
bevorzugt deutsche Anarchisten,
deutsche Trotzkisten, deutsche
Compañeros, deutsche Abweichler,
deutsche Juden, Männer, Frauen
Er verhörte sie und ermordete sie.
Nach dem Kriege wurde er Chef
der Staatssicherheit der DDR – das
ist kein Gedicht hier, keine Ballade.

Aber das ist der unerhörte Stoff
aus dem Balladen gedichtet werden:
Am 26. Januar zogen die Truppen
des General Franco gemeinsam mit
den deutschen Wehrmachtssoldaten
(Hitlers berüchtigte Legion Condor)
in Barcelona ein. Panzerkolonnen
ratterten die breite Diagonale herunter
bis ins Zentrum der besiegten Stadt.
Marcel Junod, offizieller Vertreter
des Internationalen Roten Kreuzes
sah den Einmarsch mit eignen Augen:
»Um halb eins kam der erste Panzer
die Straße herunter und hielt vor

unserem Haus. Die Mannschaft
bestand aus deutschen Soldaten.
Auf dem Tank stand eine lachende
Frau, die mit dem Faschistengruß
die Menge begrüßte. Ich erkannte
sie. Sie war eine deutsche Jüdin, die
von den Kommunisten als Trotzkistin
eingesperrt worden war.« – O nein!
das ist 'ne Ballade, die ich nimmermehr
zerdichte.

    Mit Ach und Krach
        mit Ach und Weh
            und ohne Reim
                das glaubt kein Schwein

Weltkulturerbe

Was hat wohl Bacchus, der römische Gott vom Wein
Was haben seine Weinbauern hier in Banyuls gemein
Mit Mörder Mielke, dem selbsternannten Gott
Mit seinem grauen Viertelmillionen-Heer
Das nun zerschlagen ist, total bankrott
Die Firma »Horch & Guck« der DDR ?

Nee, laß die Raterei, du kommst nie drauf
Ich geb dir 'n Tip, dann fällt dir doch was auf:
Die hunderttausend Mauern vom Terassenbau
An Weinberghängen schön in griechischer Manier
Von hundert Generationen rot-braun-grau
Geschichtet: flache Steine aus dem Felsen hier

Und nun vergleich: paar hundert Kilometer lang
Stehn da in Ost-Berlin (und meine mittenmang)
Die Akten in Archiven der Staatssicherheit
Gemisch aus Spitzelprosa, Abhörprotokoll
Geständnis in der Folter, registriertes Leid
Verhörer-Wutanfälle ohn- und allmachtstoll

Es könnt zum Lachen sein, wenn's nicht zum Weinen wär
Die hier sind Steinekrösus – wir sind Aktenmillionär
Die Aktenberge dort, die Weinberglandschaft hier
Solln beide offiziell als Schatz der Weltkultur
Erhalten werden, ein UNESCO-Souvenir
So Wunderbares schaffen ja wir Menschen nur

Ja, beides wunderbar! Daß der Banyulser Wein
Uns Arbeitstiere menschlich macht, sieht jeder ein!
(Im Suff) Doch auch die Akten sind ein Dokument
Für Heldenmut der Schwachen, für den Widerstand
Die Hochkultur der Akten ist ein Kompliment
Für unsern Freiheitskrieg. Das! ist mein Abendland

Rivesaltes – die Ballade

Ein Schluck Muscat
Der süße Wein aus Rivesaltes, Freunde
Verfeinert jeden schalen Obstsalat
Ich deutsches Nordlicht trinke ihn auch pur
Und werde dabei nie vergessen, wie
Sie dastehn: fahl in Reih und Glied, die Reste
Der tausend Steinbaracken in der Öde
Wo Menschen hinter Stacheldraht verblühten
Vor Durst, vor Angst, vor Kälte, Hitze, Hunger,
Vor Sehnsucht mehr noch nach Zuhause als
Nach Liberté

Verfallen ist
Das Lager. Schwarz die schmalen Fensterlöcher
Die Dächer weggebrochen. Roter Schutt
Der Ziegelbruch von Buschwerk überwuchert
Stabil stehn noch im Staub Latrinenbunker
Mit Buchten, immer zehn. Es muß wohl Wasser
Zum Spülen dagewesen sein. Ich fand
An einem Balken paar verwürgte Schellen:
Die Spuren für 'ne Art conduite d'eau
Ein Distelstrauch steht stramm als Wachsoldat
Vor dem Entree

Geschlagen warn
Die Kämpfer für die Republik España
Flohn über das Gebirg der Pyrenäen
La France sperrte sie in die Baracken
In Rivesaltes, dann Zigeuner, Jidden
Aus Polen, deutsche Juden auf der Flucht
Nun scharf bewacht von Pennern, die viel lieber
'ne Knarre tragen als 'ne Hacke schwingen
Im Weinberg. Dann: Verjagt aus Algérie
Die Harkis, eingepfercht ins Grandhotel
mit gar keinem Stern

La tramontane
– der harte Nordsturm peitscht durch die Ruinen
Und treibt 'ne Reihe Windrad-Riesen an
Stehn steif Spalier am Rand, sehn, was die Leute
Im Ort schon nicht mehr sehn: Les temps jadis
Viel Arbeit macht der süße Sonnensaft
Zu süß! zu teuer! bringt zu wenig ein
Ich Deutscher, ich genieß ihn, ich Barbar
Und seh: Zerrostet ist der Stacheldraht
Mir schmeckt das Sonnenlicht in Rivesaltes
Beim Schluck Muscat

Altes Europa

Schön, gestern die Strapaze: Der Spaziergang, mühsam hoch
Wir wählten uns den steinigen, den steilen Weg zum Kirchlein
Im Abendlicht auf unsern Hausberg in Banyuls mit Freunden

Fürs Frozzeln blieb uns, für Palaver bald die Puste weg
Ich sah: Der schiefe Parasol trotzt immer noch den Stürmen
Stürzt nicht aufs Dach der Notre-Dame-Kappelle »La Salette«

La Tramontane – der harte Wind rennt wieder an mit Wucht
Mein Spucke-Fingerkompaß zeigt nach Süden, ins Gebirge
Und von Cerbère kriecht grad ein Güterzug raus aus dem Tunnel

Tief unten schmiegt die kleine alte Stadt sich um die Bucht
Golf de Lion – die Küstenlinie schimmert fern im Dämmer
Der Leuchtturm am Cap Bear schmeißt schon mit seinen
                                      Strahlen rum

Die Freunde stehn verzückt vor der Kapelle in der Loge
Mich freut's, wie sie die Postkartenidylle lustvoll schlingen
Verharren, starren. Und ich springe hinter Gottes Häuschen

Schlag schnell mein Wasser ab. Der scharfe Wind reißt mir
                                     den Strahl
Vom Schwanz und schleudert gelbe Tropfen Richtung Spanien
Die Landschaft – ein André Derain: Die Weinbergfelder decken

Wie' n Flickenteppich drüben steile Hänge. Doch wo kahl
Ins Kalte der Gebirgskamm ragt, da wächst kein
                             Weinstock mehr
Dort krönt der Starkstrommast den Berg. Am Pass vorbei,
                               beim Turm

Passierte Walter Benjamin, trug schwer an Manuskripten
In seiner Aktentasche, mühsam folgend auf den Pfaden
Der jungen Jüdin aus Berlin – die schöne Lisa Fittko

Sie sah dem Philosophen lang noch nach, als er gen Abend
Die Route Lister nach España sich hinunterquälte
Durch den Vignoble auf die andre Seite in das Kaff

Port Bou. Zur Guardia Civil mit abgelaufnem Pass
Er floh ja vor Pétains Franzosen, die so Flüchtlingsfleisch
Nach Deutschland deportierten, eingepfercht in Viehwaggons

Und darum nun die Flucht ins Land der Franco-Generäle
Die grade ihre eigne Republik erobert hatten
Durchschlagen wollte er sich bis nach Lissabon, mit Visum

Der USA. Trug in der Tasche auch für alle Fälle
Das Visum in den Tod: Tabletten für die letzte Reise
Die schluckte er im Bett, in der Pension, in jener Nacht

Nach der Passage konnte diesem Mann nichts mehr passiern
Was fasziniert, was rührt uns alle so an diesem Denker
Sein Blick durch Flaschenbodenbrillengläser? Oder macht

Es die verrückte Weitsicht? Kinderweise Weltfremdheiten?
Das müde heimatkranke Herz? Die müden platten Füße?
Großbürgerliche contenance beim Aufstieg wie im Stürzen ?

Die unverwüstliche civilité im Welten-Chaos ?
Ach was! Es ist mein Selbstmitleid. Das rührt mich ja so tief
Auch du. Wir alle sind da mit ihm über 'n Berg geflüchtet

Und wer des Toten Tasche stahl, wer weiß, sein Opus magnum
Verschwinden ließ, war 'n ganz normaler netter Schweinehund
Europa, Freund, was du das Alte nennst, hier ging's zugrund

Roter Mond über Banyuls

Das ging so schnell: Vom Dämmerlicht in schwarze Nacht

Da schwebten wir auf der Terrasse überm Dach

Tief unter uns die Bucht, und sahn das Lampenlicht

Im Wasser zittern, hörten paar Sarda — — — — na

Fe — tzen   Genossen den Zwei-Euro-Wein, den

würzig weißen Aus Perelada Hoch im Himmel

mußte wohl 'ne Wolken-Herde wandern   weil ja zwei

Sterne nur auf uns he — runterblinkten Plötzlich stieg der

Mond doch noch am Horizont   im Osten   aus den

Couplet

Das sind Tragödien der andern Art … usw.

Flö — ten

Roter Mond über Banyuls sur mer

Das ging so schnell: Vom Dämmerlicht in schwarze Nacht
Da schwebten wir auf der Terrasse überm Dach
Tief unter uns die Bucht. Wir sahn das Lampenlicht
Im Wasser zittern, hörten paar Sardanafetzen
Genossen den Ein-Euro-Wein, den würzig Weißen
Aus Peralada. Hoch im Himmel mußte wohl
'ne Herde Wolken wandern, weil ja zwei Sterne nur
Auf uns herunterblinkten. Plötzlich stieg der Mond
Doch noch am Horizont im Osten aus den Fluten

Den roten Mond als Riesenfratze sahn wir bluten
Wie 'n Menetekel drohender Gefahr. Er kam
Sein' Weg von Gaza hoch, über das Mittelmeer
Wir sahn das Blut von Isaak und Ismael
Blutrot verschmiert stieg auf das nackte Mondgesicht
Nun wuchs ihm grau 'ne Wolkensträhne in die Stirn
Und schon verschwand er, tauchte hoch ins tiefe Schwarz
– wir alle sind ja reingezogen in den Krieg
Der beiden Söhne aus dem Samen Abrahams

Couplet
Das sind Tragödien der andern Art
Da hilft kein gutgemeinter Rat
Da hilft kein Treueschwur
Kein frommer Fluch
Kein kluggeschissnes Friedens-Buch
Da hilft kein Aufschrei in der Welt
Kein feige abgedrücktes Geld
Schon gaanich Biermann seine Gedichte
Konflikte dieser Kategorie
Für die gibts keine Lösung. Nie!
Die haben nur eine Geschichte

Sardana mit Benn in Banyuls

Zum Dichter Gottfried Benn
(tot, Büchnerpreis im Jahre 51)
gesellte sich ein Deutscher auf die Bank
am Rand der Rambla – na, wer schon – ich!
war baff
Benn fragte nämlich so wie einer
der alles will, bloß keine Antwort:
Wie schreibt es sich hier, Herr Kollege
in diesem katalanischen Kaff?

Ich log dem Hautarzt die Hucke voll:
Die Dichtung schreibt sich von selber hier
Hier geht das Dichten im Handumdrehn
Ich dichte was meine Augen sehn
so, wie es kommt, im Vorübergehn
auf elektronisches Papier.
Mal mache ich dabei Gold aus Dreck
gelegentlich, das versteht sich: Pfusch
(so klopfte ich keck
bei Benn aufn Busch)

Ansonsten, Verehrtester, ja, ich spürte
in dieser Idylle zum ersten Mal
im Taschenbuch: Gottfried Benn, GEDICHTE
nach Essbarem, und das heißt: Sie sind
für mich nicht gemütliche Urlaubslektüre
(jetzt kenn ich auch besser Ihre Geschichte)
es ist mehr ein lyrisches Abfallfressen
Ich suche nach brauchbarem Material
– dabei wollt ich früher nix sehen, nix hörn
aus Ihrem deutschnationalen Salon,
und offen gesprochen:
Das war ein verbiestertes Augenverschließen
Ich hab hier in France als alter Kerl

zum ersten Mal in Ihr Werk reingerochen
und will es Ihnen neidlos gestehn:
Ich mußte doch manches Ihrer Gedichte
bewundern, noch schlimmer: genießen

Benn lächelte nonchalant und sprach:
Für 'n Werk, durch das sie eisig weht
die Ewigkeit – isses nie zu spät!
und grinste über sein heißes bon mot
parlierte dann weiter im Plauderton:
Dann hamse ja wohl den Braten gerochen:
Der weltberühmte Herr Gottfried Benn
(zuletzt noch: Nobelpreiskandidat!)
konnt auch nur mit Wasser kochen
Das war meine lyrische Masche:
Mir war's bei der Rhythmus-Reimerei
schnurzpiepe, soll heißen: einerlei
mal streng gereimt, mal gar nicht, mal lax
mal Heliosflammen, mal Glut, mal Asche
ein Quentchen Exotik, einen Batzen Erotik
rein lautmalerische Selbstentzündung
ganz ohne verschleimte Vernunftsbegründung
aus Lebensgier untergangsgeiles Fanal
'ne Prise Provinz mit mondäner Welt
Gomorrha-Klistiere und Sackläusesuchen
Gedärmegirlanden, Gebärmutterkuchen
Verfaulungsgelüste, Gesundungsqual
in göttergedämmerten Apotheosen

Mon dieux! Manche Götter sind falsche Götter:
Mit Hitler verband mich das Suchen nach
totaler Genesung. Die Dichterlust
schreit nach dem totalen Ich-Verlust
Da triumphiert im Reich der Verwesung
das mythische Kollektiv der Rasse
Zivilisation ist doch Weichei-Kultur

Die Starken solln rauschhaft irrational
ganz Urviecher sein, nicht als Arbeiterklasse
soziale Sonderhappen ergattern
Doch merkte ich schnell, diese Nazis sind
ja gar nicht total, die warn totalitär!
Ich hab mich bei denen nie angeschmiert!
Ich bin desertiert, dann ins Militär
und hab an der Front den Wehrmachtssoldaten
den Tripper, die Krätze und Fußpilz kuriert
vor Massengräbern, am blutigen Rand
Damit unsre Helden gesund in die Hölle
marschieren für Führer und Vaterland
Als Anfänger, Arzt für Geschlechtskrankheiten
schlau hab ich gewuchert mit meinem Pfund
besonders die Fraun bei der Dichterlesung
genießen den Ausfluß als lyrischen Sud
abstoßende Krankheit ist immer gesund!
Das liefert dem modischen Verseskelett
die geisterbeschwörende Urahnen-Kraft
zum Austernschlingen wie Fötzchensaft
zum Kaviar, zum Champagner kommt gut
Quartalssäuferkotze mit Regelblut
In reiferen Jahren hab ich noch viel
mit Mediterran-Requisiten gespielt
Lateinfetzen, schillernder Bildungsschrott
gefällt dem goethisch verbildeten Pack
die Trottel tun gern so, als ob sie verstehn
man kann vom small talk zum Fick übergehn
die alten Römer, die ewig jungen
die Griechen! Orpheus in der Unterwelt
der nässene Grind, getrocknete Rosen
ikarisch Heil Hitler, Odysseus, Achill
Gym-nazi-asten-Mythologie,
versaut mit Leichenfledderer-Witzchen
des Präparatoren in der Pathologie

Bloß nie penetrant realistisch wie Brecht!
Nie war ich verbiesterter Menschheitsretter
leck lieber mein eigenes Heldenblut
die Hurenschnäuzchen voll Samenbier
Nie dulde ich Kleingeister neben mir
mit altgermanischer Herrenmensch-Wut
Die Deutschen wolln ihre Lyrik verquast
nicht breitärschig, lieber was schlanker
Bordelljauche, Affe mit Edelmut
der Dichter muß leicht somnambul sein
ansonsten soll er treudeutsch national
Prometheus mit Stahlhelm und Schanker
und – entre nous – bißchen schwul sein
Germaniens Gedichtekonsument
braucht Dunkeldiffuses für sein Gemüt
ich kenn die versauten Pappenheimer
Sie haben das Pfäffische im Geblüt
Sie wollen den Sekt im Pisspott, und
den stinkenden Fötus im Eimer

Am besten, man gibt dem Bürgerpack Zunder
ein wenig schlüpfrig, ein wenig heldisch
die Metzelei macht die Nächte uns heller
der Genitiv – O, dieses Lichts! – schafft Wunder
beim Ich-Zerfall lustvoll im Leichenkeller
mit syphilitischer Jungfernpipi
Und Aufbruch! im Krieg! raffiniert vermischt
mit nihilistischer Philosophie
der Mann in Blut und Bahn als Rächer
Ecce-homo-Schauer mit Scheibenkleister
Generalsmonokel und Knobelbecher
Du kömmst O Schlacht der Schlachtermeister
Ja, Blut und Blut und nochmals Blut
Inzest mit Göttern und Köterkadavern
das Ganze drapiert mit böseren Blumen
als die vom Idylliker Charles Baudelaire

Furunkel und Abwässer. Piß auf die Glut!
Wo gehen wir hin, wo kommen wir her
blutschändliche Unzucht mit Mutter Erde
doch alles im pantheistischen Licht
das goethische Stirb und Werde

Er hat mich besoffen gequasselt, der Benn
im Literaten-Dilirium
ich schwieg ihm paar scharfe Repliken
– schon saß ich alleine, die Bank war leer
Da drehte ich mich hastig um
ick kieke zur Place, und bei'n Kieken
entdeckte ich ihn im großen Kreis
Der Tote! Er tanzte Sardana
Und ich springe auf und renn zu ihm hin
doch wie ich panisch den Platz überquere
und greife mit links seine rechte Hand
– da griff ich nur noch ins Leere.

Irrsinnige Nacht mit Mollie

Mein Kind schrie nach Wasser in dieser Nacht
Es wütete, wimmerte, jammerte, schrie
Nach Wasser, nach Wasser, nach Wasser wie
Niemals zuvor, ein nerviger Lärm

Mich zerrte die Zeterei aus dem Schlaf
In eines Albtraums Untiefen, und
Da hing mir im Traume verdorrt mein Gedärm
Aus dem aufgerissenen Mund

Monstruos in schwarzer SS-Uniform
Und Häftlinge, Knochen mit bleicher Haut
In blauweiß gestreiftem Leinenzeug
Die Auschwitz-Keule hing über mir
Wie Furien hetzten die Bilder mich
Von Menschentransporten im Nazireich
Im Viehwaggon ohne Wasser und Brot
Von Dachau nach Bergen-Belsen
Verdurstende Juden, die wimmern so leis
Und röcheln und sterben und stinken
Ich schrie meine Frau an!
Mensch!! gib doch dem Kind
Zu trinken!!

Und sah nun im Dunkel: Die Mutter hielt
Der Kleinen ja längst eine Flasche hin
Vittel, das berühmte Franzosen-Naß
Das blutet so frisch aus den Felsen raus
Am Fuße der Vogesen
Das liebt unser Liebchen, das ist ihr vertraut
Ach Molliekind, trink doch ein Schlückchen!
Das Mädchen hörte nicht auf mit Schrein
Halb Wut war's und halb ein Gewein
Sie stieß verzweifelt das Wasser weg
Und bettelte ihre Mama an
So herzzerreißend um Wasser

Heißer Sommer im Roussillon

In dieser schwer schwülheißen Nacht lag ich
Nur mit einem kühlen Laken bedeckt
Und riß mir auch noch das Tuch vom Leib
    – laß schlafen, laß schlafen, laß schlafen!

Riskierte vor Sonnenaufgang einen Blick
Aufs Weib, aufs Kind – so lieblich gleich
Im Morgentraum lagen sie hingestreckt
    – laß schlafen, laß schlafen, laß schlafen!

Dann kroch über meine Idylle ein Bild
Von Kurden: die Fotos im Zweistromland
Mir schwanden die Sinne brutal verquast
    – laß schlafen, laß schlafen, laß schlafen!

Wie Schlummernde sehn die Vergasten aus
Vor mir: Weib und Kind lagen da wie vergast
Da riß ich mein falsches Auge mir aus
    – laß schlafen, laß schlafen, laß schlafen!

Muscatwein

Le vin muscat im Plastik-Cubi?
Das ist infâme! ein letzter Schrei
Der kunststoffversauten Kulturbarbarei
Die Kenner kriegen ein' Todesschreck?
Ich nicht! was schert mich Gourmet-Hysterie
Wir saufen den heut sowieso noch weg

Ich kann dir genau sagen, wie er schmeckt:
Nach Küssen im Schatten des Mas Joaquim
Egal ob honnête, ob illégitime
Der Saft ist ein irdisches Sakrament
Wie wenn man direkt anne Sonne leckt
Und dennoch sich nicht die Zunge verbrennt

Weibliche Wegskizze

Und wenn du die avenue Puig del Mas
Raufläufst bis unter die Eisenbahnbrücke
Dann weiter das Tal hoch, den Weinberg entlang
Und weiter am Flußlauf vom Baillary, dann
Paß auf! Diese Steineichen wollen dich, Liebster!
Erschlagen, und dreh dich nicht um, keinen Blick
Schenk du den schlanken Zypressen, die wolln dich
Mit Holzarmen halten. Oliven, die alten
Wolln junge Männer verführen, verhexen
Gefährlich die Feigen: so süß und so falsch
An Mandelbäumen frißt du dich hungrig
– laß all diese Weiber, die sind nix für dich.

Du, gehe, mein Schöner, geh weiter, bis links
Das liebliche Tal dann der Roume sich öffnet,
Dann lauf schnell vorbei an Maillols métairie
Da liegt der berühmte sculpteur begraben
Er liegt unter einer gewaltigen Frau
Aus Bronze, der schuf sich so Weiberleiber
Du, laß dich nicht locken, dies Weib ist tabu!
Die nämlich ist kalt, hart und herzlos. Die kann
Nicht lachen, nicht weinen, wie ich es tu
Venus catalane, eine Liebestolle
Man nennt sie die »Méditerranée«
Die dumme »Pensée«, die Gedankenvolle

Hör nicht auf die frechen Tauben am Weg!
Sie schnäbeln und gurren nur immer. Dann kommt
Die Quelle am Felsen. Gleich bei der Ruine
Rotgelb geschminkt von der Abendsonne
Die Bittersüßfrüchtchen am Pêche de vigne
Die schmecken dir nicht! Steig weiter gleich

Den Pfad an dem alten Mas vorbei
Denn hinterm Gestrüpp, an der brüchigen Mauer
Lieg ich auf 'ner Decke und warte auf dich
Mit all meinen Früchten will ich dich füttern
– besänftigen sollst du mich und erschüttern
Dort wolln wir uns küssen und selig sein

Blutiges Morgenrot

Am Horizont in Banyuls sur mer
Kam heut in der Frühe ein riesiges Rot
Heraufgeflossen vom Meere her
Verkleidet als Kunst, der alte Trick:
Groß trumpfte da das Naturschöne auf
Und machte pathetisch in Politik

Ich hab es genosssen und fiel nicht drauf rein
Gott Helios spielte Naturschauspiel
Es sollte wohl spöttische Anmache sein
Das Kampflied aus Kinderzeiten – von wegen
Rotfront, Genossen! Im Klassenkampf
Ich hörte: DEM MOR-GEN-ROT ENT-GE-GEN!

Da krächzte ein Marx-und Engels-Chor
Ja, Englein! getarnt als 'ne Möwenschar
Sie plärrten die alte Ballade mir vor
Bacchantisch im bachischen Fugensatz
O GOTT, LASS DU DEN KOMMUNISMUS SIEGEN!
Ein welt-re-volu-tio-närer Rabatz

Und plötzlich flog Oma Meume allein
Zu mir durch das Fenster, verzaubert als Rabe
Und krächzte auf sächsisch: Fall ploß nich druff rein
Mei Junge! Dis Rot gommt vom Ostn her
Da pluten und pluten die Völker aus
Weit hintn, noch hinter dem Middelmeer!

Ich tröstete sie: Mein Raabanaas
Mein schwarzes gefiedertes Großmütterlein
Das Rot hier am Himmel ist doch nur Spaß
Kein Blut und kein Klassenkampfgeschrei
Es ist nur 'n Spektakel der Geophysik
Und gleich ist der ganze Spuk vorbei!

Szene einer Ehe

Vom frischen Morgenwind blitzblank gewaschen
Steht mir das Pyrenäen-Massiv im Fenster
Wie weggezaubert alle Nachtgespenster
Weiß ziehn im hohen Blau die Wasserflaschen

Paar Möwen klagen und die Spatzen lachen
Die Schwalben haben keine Zeit im Flug
Ein kurzer Flügelschlag ist Lied genug
Schon sind sie fort mit hundertachtzig Sachen

In welchem Labyrinth warst du, mein Mädchen
Als du so kalt mit mir im Bette lagst?
Was ist dein Seelenknochen, den du nagst?
Schau her: Ich hab ein Ariadnefädchen

Für Ariadne selber – rette dich!
So findest du ganz nebenbei auch mich

Autofahrt von Port Bou nach Cerbère

Ich kam grad von einem Kurzbesuch
Am Abend bei Benjamin von Port Bou
Den steilen Berg hoch im zweiten Gang
An der Grenzstation auf dem Cap Cerbère
Da stehn ein paar Bruchbuden leer und trist
Da wettert der Wind durch zerschlagene Scheiben
Da schlackern die Türn ohne Riegel und Schloß
Da lungert kein einziger Grenzpolizist
Da kontrolliert auch kein Zollgendarm
Kein Bremsen, kein Halten, man fährt einfach durch
Das ist nun Europas weltoffener Charme
Dort sah ich urplötzlich ein Hundevieh
Aufn ersten Blick wie tot oder krank
Bei der Schlagbaumruine am Straßenrand
Ich dachte: Der Köter döst unter der Bank
Ein Hinweisschild über dem schwarzen Tier,
Gelb-rot-blau verwittert, so steht es da
Français, englisch, deutsch, spanisch:
                    Geldwechsel! Hier!
Ich ging in die Eisen – im Grund ohne Grund
Stieg aus und stand vor dem dösenden Hund
Der leckte sein räudiges Fell
Kein Knurren und kein Gewinsel,
Kein Heulen und kein Gebell
Der sah mich so menschhündisch an dabei
Ihm rann aus den Lefzen ein grünes Gerinsel
'ne Rauchfahne qualmte aus seinem Schlund
Dann sah ich die Köpfe, der Hund hatte drei!
So kam ich zum Schluß: Die Töle da muß
Wohl Zerberus sein, ja! der Höllenhund

Nun wußt ich: Das! ist die Gelegenheit
Verkroch mich in meine Blechkiste, schrieb
Am Lenkrad mit fliegenden Fingern ein' Brief

An Louis Aragon, in care of Gott Pluto
Adresse: Im Literaten-H a d e s
Das Postfach »Parteidichter – Hofpoeten«
Und weil kein Papier war, schrieb ich all das
Was ich ihm schon immer sagen wollte
Aufs Vorsatzpapier vom Autoatlas:

Monsieur Aragon! – mit gehöriger Mühe
Hab ich Ihr wohl schönstes poème d'amour
Mir nachgedichtet, weil Georges Brassens
Ein herzzerreißendes Lied daraus machte
Seit ich Ihr Gedicht glücklich rüberbrachte
In meine Sprache, mein deutsches Milieu
Sing ich nun den schmachtenden Schlagerrefrain
Auf deutsch: Il n' y a pas d'amour heureux

Ich hab noch nicht ganz meine Zeit abgerissen
Für mich ist auf Erden noch was zu tun
Hab auch noch paar Rechnungen zu begleichen
Mit diesen und jenen lebenden Leichen
Bis bald! Man sieht sich! im Hades. Wir wissen
Seit Dante: Dort trifft sich die schreibende Zunft
Gewiß ist da auch Monsieur Heine zu Haus
Gefürchtet als Feinde- und Freundezerfetzer
Als Posten im Freiheitskrieg mit seiner Knarre
Abteilung für Lästerzungen und Ketzer

Ich komm in die Unterwelt bald mit Gitarre
Sie war, ist und bleibt nun mal meine Passion
Monsieur Aragon, es wird Ihnen schmeicheln
Ich singe Ihr Lied in der deutschen Version
Doch dann muß ich peinlich 'ne Frage wagen
Die treibt mich schon seit Jahrzehnten um:
Wie kommt es, daß solch ein Genie wie Sie
Sich dermaßen feige und schäbig verhielt
Ich will es begreifen, Monsieur: Warum
Sie hatten doch Ruhm, Geld und Freunde genug

Sie wohnten derzeit in der rue Varenne
Rive droite, da im Siebten. Ich frag mich: Warum
Flog aus diesem großbourgeoisen Palast
Einst jeder Besucher hochkant wieder raus
Der über den roten Zaren im Kreml klagte
Der über die Massenmorde, das Leid
In Ihrem vergotteten Sowjetland
Ein Sterbenswörtchen zu sagen wagte
Der Ihnen ein Licht aufstecken wollte
Paar Wahrheiten über die Stalinzeit?

Ansonsten: Ich will nicht moralsauer rechten
Wer kennte nicht gute Verse von schlechten
Auch schlechte Verse von Gutmenschen, klar
Die Welt will vom Dichter nur eines: Gedichte
Das alte Problem – die alte Geschichte.
In Ihrem Fall aber, Monsieur, tut's mir weh
            – amicalement, Ihr Karl-Wolf B.

Mein Briefkasten war ja das Hundemaul
Das Tier schnappte nach diesem Fetzen Papier
Schlang meinen Liebesbrief runter. Dabei
Stand Zerberus monstergroß über mir
Es heulten und kläfften und knurrten die drei
Die zähnefletschenden Hundsköpfe, spien
Wild Feuerflammen. Dem Urvieh stand steif
Zum Himmel sein giftiger Schlangenschweif
Schon heulte er auf und hetzte davon
Ich sprang in mein Auto und fuhr hinterher,
Dann sah ich nichts mehr und raste bergab
Wie 'n Berserker mit Karacho steil runter
Die Serpentinen bis nach Cerbère

Les moules

Es brachte sie mir la voisine heut früh
Frisch abgeerntet vom Meeresgrund.
Die Miesmuscheln schmeckten zu Mittag nicht mies,
Madame, die waren très bon, die zwei Pfund

Ich mag solche Tierchen kurz abgekocht,
Ganz ohne Gewürze, die haben ja schon
Den geilen haut goût vom Golfe du Lion
Das Fischig-Frischfaulige! und überdies

Die Marinade érotique im Saft
Von leckeren lieblichen Meerjungfraun,
Ich sollte beim Schlingen nicht glotzen noch schaun
Sonst seh ich in jeder Muschel das Bild

Der Anblick alleine macht Männer wild
Ich starr auf die Formen mit Kennerblick
Kein Beardsley, kein Goya, Picasso nicht mal
Bringt solch ideales Fötzchen ins Bild

Mit Schamlippen, Schleimhaut und Klingelpunkt.
Wie kann man so göttliche Rafinessen
Mit Daumennagel vom Muschelbett reißen
Und fressen und fressen und fressen und fressen …

Elisabeth

Er dachte sich einst diesen Schlager aus:
Wenn die Elisabeth
Nicht so schöne Beine hätt ...
Und als er in Wien auf der Bühne stand
Da blökte ein Nazi im Publikum
Du Judenbengel! Ju-huu-den-ben-gel!
Da zog der Künstler aus seinem Revers
Vom Smoking die rote Rose
Er zeigte die Blume dem Kerl im Parkett
und improvisierte dann durch die Blume:
Das ist die Rose,
Hier ist der Stengel
Ich bin der Jud
Und dort sitzt der Bengel!
Doch als dann sein Heimatland Österreich
Ins Reich heimkehrte, da mußte er fliehn
Der Kabarettist Karl Farkas aus Wien
Nun blieb dem Spötter die Spucke weg
Die Wortwitze blieben im Gaumen ihm kleben
Drum floh er, er wollte halt weiterleben

Er schlug sich dann durch in Paris, mehr schlecht
Als recht. Wer brauchte schon Wiener Jargon
Von solchen Couplets hat kein Aas was davon
Wer braucht schon in France Cabaret artistique
Aus Vienne! Exil macht dir andere Sorgen
Zum Beispiel paar Francs für ein Frühstück borgen

Den Mann brachte Lisa Fittko dann auch
Den Schmugglerpfad hoch am Puig del Mas
Hier in Bauyuls zum Alberes-Paß
Der Mann hatte mehr Glück als Benjamin
Er schaffte den Weg bis nach Lissabon
Und mit dem Schiff kam er glücklich davon

Im schönen New York, da küßte ihn dann
Auch wieder die Muse im kürzeren Rock
Die englische Sprache machte ihm Bock
Am End des Programms sang er vor Emigranten:
Von wegen es gibt keinen Reim auf die »Donau«
Hier darf ich zum Schluß in der Freiheit singen:
Ladies and Gentlemen, you have to go now!

Er hatte zwei Schwesterchen, sagenhaft schön
Die beiden kamen nicht mehr davon
Mit Vater und Mutter im Viehwaggon
Nach Theresienstadt in den Tod deportiert
Sie waren so schön und so klug und so nett
Und die Hübschere hieß halt Elisabeth

Mittelmeer-Venus

Monsieur le sculpteur, Aristide Maillol
Für Lehm hatte der eine glückliche Hand
Femme nue lag ihm mehr als das Weib im Gewand
Ja! Haut splitternackt – so was konnte der toll
Wie häßlich aber die Frau in Klamotten
In Elne, mit scharfer Granatenbrust
Und dann diese Witwe: sein Kriegsmonument
Zeigt mir weder Schmerz noch Lebenslust
Im Faltenwurf ihres Gewandes stehn
Zwei kranke Titten aus Blech-Silikon
Vom Schönheitschirurg Aristide verpfuscht
In einer mißlungenen Operation

Maillol schuf fürs Vaterland auch 'nen Soldat
Der nackt in der Schlacht auf dem Schwert niedersinkt
Nur 'n Helm schmückt die Blöße der Muskelgestalt
Sie zeigt noch im Heldentod stolz, was sie hat
In Stein schlug Maillol Nuditäten. Er goß
Menschkörper in Bronze, er hat uns geformt
Wie Gott bei Erschaffung der Welt, aus Lehm
Maillol hat die Mittelmeer-Venus genormt:
Kurzbeinig, breithüftig, schön drall: ein Weib
Nach dem unsereins doch am liebsten greift
Wie knackiger Pfirsich, wie Feige tiefblau
Im brennenden Sonnenlicht stille gereift

Mal kam Hitlers Bildhauer her nach Banyuls
Im Kriege gepilgert. Was suchte er hier
Der blond die arische Bestie schuf
Des Führers verherrlichtes Herrenmensch-Tier
Ich weiß nicht, was Breker, Germanias Idol
Der Bildhauerkunst, so begeistert hat
Am Erbfeind Maillol ... Aristide war im Grund
Ein treu catalanischer Hirtenhund

Der wußt nicht, wie Bluthunde von der SS
Auf Menschen dressiert sind im deutschen KZ
Schon gar nicht, was Pudel im Puff in Paris
Für Kunststücke können im Lotterbett

Man schimpfte Maillol nach dem Kriege hier
Kollaborateur mit den Nazis. Er war
Geschnitten, verachtet, geächtet, verhaßt
Nach seinem Tode noch manches Jahr
Inzwischen schmückt er unsre Stadt Banyuls
Ihr größter Sohn ward ja weltbekannt
Jetzt sieht man ihn endlich bloß, wie er war
Wie ich: mit fünf Augen an jeder Hand
Hier liegt er begraben, hier ward er geborn
Sein Haus starrt mit blinden Fenstern zur Bucht
Als ob es nur wartet auf ihn, wenn er doch
Mal Unterschlupf sucht auf irgendner Flucht

Den Menschen, das wissen wir, schuf einst Gott
Die Menschin jedoch, seine Frau, schuf Maillol:
Mehr dunkel als blond, levantinische Göttin
Die Mittelmeer-Venus, die konnte der toll!
Wer kann genau wissen! Wer sieht da schon klar
Wie tapfer, wie feige, wie grade, wie krumm
Wie stark und wie schwach dieser Bildhauer war
Maillol – war der weise? mehr kindlich? mehr dumm?
Das weiß nicht mal Gott, wenn er Urteile fällt
Der Mensch bleibt ein Rätsel, genau wie die Welt
Mir graut vor den Tagen des Jüngsten Gerichts
Wenn Gott selektiert, dann weiß ich: Der weiß nichts!

In einer Stimmung Pamela

Unter die düstere Wolkendecke
Scheint tief vom Horizont ins Land
Theaterechtes Abendrot
Heut schrein die Möwen wieder mal
Wie Waisenkinder in der Not

Im satten Grün stehn noch die Berge
Und heller als der Buschwald grünt
Der Wein der Wein der Wein der Wein
Bald wird die Farbpalette wechseln
Steinrotbraungelb wird alles sein

Mein Blick schweift ostwärts in das Dunkel
Das blaue Meer ist schwarz und glänzt
Im letzten Kupferfeuerlicht
Mein Weib, ich seh eine steile Falte
Steht aschegrau dir im Gesicht

Mich irritiert dein stummer Kummer
Es gibt doch keinen ernsten Grund
Noch dreht sich unser Prachtplanet
Ich hoff, du bist bloß kurz mal traurig
Weil grad die Welt zugrunde geht

Kein Mensch

Tief menschenmüde flätze ich mich hin am Strand
Auf diese Steinebank. Kein Mensch hier heute
Die Bank am Rand der Badebucht im Kaff Banyuls
Ist lang genug für an die dreißig Leute
Aus Weinbergsteinen, hingeschichtet an der Mauer
Da brummt hoch überm Kopf den ganzen Tag
Verkehr. Vor meinen Augen atmet still das Meer
Ablandig schwächt der Wind den Wellenschlag

Vorbei ist die Saison. Die Rathausuhr schlägt zwölf
Ich halte meine deutsche Haut ins Licht
Kein Mensch. Verloren hängt die Sonne im Zenith
Altweibersommer wärmt mein Herbstgesicht
In Richtung Barcelona übers Bergmassiv
Ziehn Fabeltiere, die auf Wolke machen
Kein Mensch. 'ne Herde Himmel-Schäfchen grast im Blau
Ein Regenwolken-Engel wird zum Drachen

Kein Mensch. Der leere Badestrand gehört nun wieder
Den grausam einsam flachen Steinchen und
Den Möwen ganz. Wo grad noch muntere Familien
Sich in der Sonne aalten, kackt ein Hund
Der ausgedorrte kleine Fluß führt wieder Wasser
Kein Mensch. Hier bin ich ein total Alleiner
Das Flüßchen stillt mit seinem Naß des Meeres Durst
Ich Mensch so ohne Menschen – bin gar keiner.

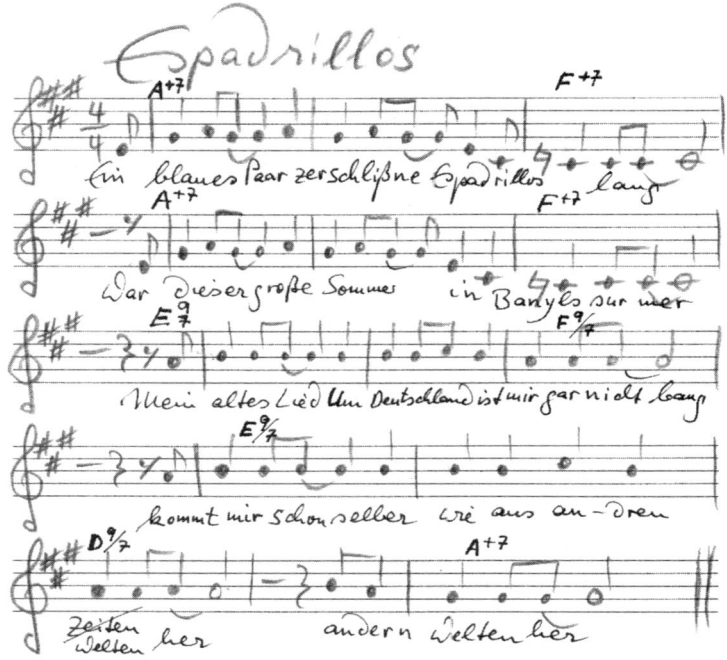

Spadrillos

Ein blaues Paar zerschlißne Spadrillos lang
War dieser große Sommer in Banylos sur mer
Mein altes Lied um Deutschland ist mir gar nicht lang
kommt mir schon selber wie aus an-dren
Zeiten
Welten her   andern Welten her

172

Espadrillos

Ein blaues Paar zerschlissne Espadrillos lang
War dieser große Sommer in Banyuls sur mer
Mein altes Lied »Um Deutschland ist mir gar nicht bang …«
Kommt mir schon selber wie aus andern Welten her

Von meinem Vaterland hab ich mich nun ausgeruht
An einem Grabe hart am Abgrund in Port Bou
Ich lief auf steilen Ziegenpfaden leichtbeschuht
Sah Mauerseglern unterm Abendhimmel zu

Paar Regenschauer gabs in all der Sonnenglut
Ein satter Mond rollt über Catalunia
Rundrum die Berge brüten süßes Traubenblut
Der Wein wird wieder stark und schwer in diesem Jahr

Wir pflückten pêche de vigne wie im Paradies
Am Weinberg unterm Strauch war unser Lotterbett
Und wenn ich mich vom Meersalz lässig tragen ließ
Sah ich zwei Meter unter mir das Fischballett

Mein bleiches Stadtgesicht ist nicht mehr ganz so blaß
Und meine Schreibtischtäterwampe ist fast futsch
Ich schlafe wieder tiefer ohne Schnarchen, laß
Mir Zeit, bevor ich morgens in die Hosen rutsch

Nun ist genug. Die Kids solln in die Schule gehn
Paar Kilo hab ich abgespeckt – wir fahrn nach Haus
Ich will mein Altona in Hamburg wiedersehn
Dort im Getümmel ruh ich mich vom Ausruhn aus

Pin Parasol

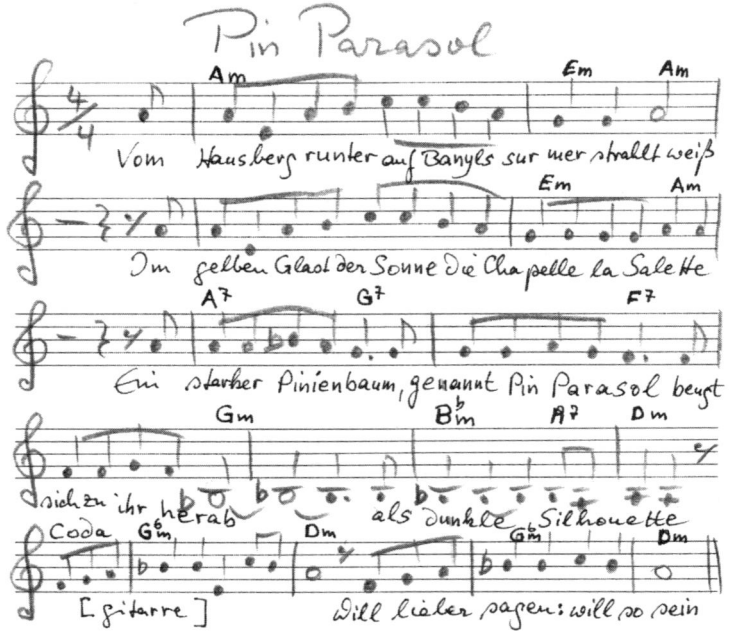

Vom Hausberg runter auf Banyls sur mer strahlt weiß

Im gelben Glast der Sonne die Chapelle la Salette

Ein starker Pinienbaum, genannt Pin Parasol beugt

sich zu ihr herab als dunkle Silhouette

[gitarre]   Will lieber sagen: will so sein

Pin Parasol

Vom Hausberg runter auf Banyuls sur mer strahlt weiß
Im gelben Glast der Sonne die Chapelle la Salette
Ein starker Pinienbaum, genannt Pin Parasol
beugt sich zu ihr herab als dunkle Silhouette

Ich schätz mal: Fünfundvierzig Grad: Schon ganz schön schräg
Neigt Gottes grüner Sonnenschirm sich sturmzerzaust
Mit gradem Nadeldach auf schiefgewachsnem Stamm
Zum Kirchlein, wo nicht mal ein armer Teufel haust

La Tramontane heißt der Nordwind, der hier herrscht
Die Pyrenäen will er gen Süden runterdrücken
Nach Spanien seit Äonen rennt er wütend an
An diesem Baum da oben hat er sein Entzücken

Den hat er tief gebeugt. Das seh ich gern und denke
Der Stamm – o.k.! – gebeugt, jedoch gebrochen? Nein!
Mensch, sonnenklar, was mir am Parasol gefällt:
So bin ich! Und will lieber sagen: will so sein.